청소년
기도 많이
걱정 조금

일러두기

본문에 인용한 성경 구절은 기본적으로 대한성서공회에서 펴낸 개역개정판을 따랐으며, 다른 번역본을 사용할 경우 따로 표기했습니다.

- 메시지성경: 유진 피터슨 지음, 김순현 외 옮김,《메시지》, 복있는사람.
- 새번역성경: 대한성서공회 편집부 편,《새번역성경》, 대한성서공회.
- 우리말성경: 두란노서원 편집부 편,《우리말성경》, 두란노서원.
- 현대어성경: 성서원 편집부 편,《현대어성경》, 성서원.
- 현대인의성경: 생명의말씀사 편집부 편,《현대인의성경》, 생명의말씀사.

십대들을 다독여 주는
80가지 명언과 말씀 묵상

청소년
기도 많이
걱정 조금

정석원 지음

사자와 어린양

걸림돌과 디딤돌

"청소년 시절 다시 겪기 vs. 군대 다시 가기"

만약 둘 중 하나를 골라야 한다면 저는 망설임 없이 군대를 선택할 것 같습니다.

"청소년이 되느니 다시 입대를 하겠다고요?! 과장이 너무 심한 것 아닌가요?"

여러분 중에는 이렇게 말하는 친구가 있을지도 모르겠네요. 그런데 생각해 보세요. 군대생활은 2년도 채 안 되지만 청소년 기간은 최소 6년인 데다가, 군대는 시간이 갈수록(계급이 올라가면서) 편해지는 반면 청소년기는 시간이 갈수록(학년이 올라가면서) 더 힘들어지지 않나요?

저의 청소년기만 돌아봐도 참 힘든 일이 많았습니다. 열등감, 비교의식, 무기력, 불안감, 조용할 날 없는 집안 분위기, 온갖 걱정, 미래에 대한 두려움 등 걸림돌이 여기저기 널려 있었지요.

이런 힘든 시간을 버티게 해준 습관이 하나 있는데 다름 아닌 일기쓰기였어요. 학교 매점에서 구입한 작은 노트에 무작정 글을 썼지요. 신세한탄이나 울분을 토해 낼 때도 있었고, 기도문을 쓰고 성경 구절을 옮겨 적기도 했어요. 책이나 영화에서 본 인상 깊은 명언이나 대사를 옮겨 적을 때도 있었고요. 이 시간들이 제게는 매 순간을 버티게 해준 디딤돌이었답니다.

또 하나의 디딤돌

'너희들도 많이 힘들구나….'

청소년 친구들을 만나면서 마음속으로 자주 했던 말이에요. 겉으로는 문제없어 보이고, 심지어 밝고 강해 보여도 저마다 크고 작은 문제들을 안고 있었거든요. 놀랍게도 지금을 살고 있는 우리 친구들도 오래전에 제가 겪었던 걸림돌들 사이에서 힘들어하고 있더군요.

청소년 시기를 지나고 있는 여러분에게 힘을 주고 싶었어요. 걸림돌이 아니라 디딤돌이 되어 주고 싶은 마음이랄까요. 그래서 색 바랜 옛 일기장을 꺼내 보았답니다. 곳곳에 새겨진 성경 구절과 여러 글귀를 다시 읽어 보니 다시금 위로와 용기를 얻게 되더군요. 그 내용을 재료 삼아 여러분을 위한 글 요리를 준비해 봤습니다.

세상을 보는 창문, 성경

소설가 월터 스콧(Walter Scott)은 말했어요.

세상에는 딱 한 권 유일한 책이 있다. 그것은 성경이다.

《청소년, 기도 많이 걱정 조금》은 크게 세 가지 글로 구성되어 있어요.

① 성경 구절, ② 명언 또는 좋은 글귀, ③ 묵상 글

성경책에는 여러분과 함께 읽고 싶은 구절이 수없이 많답니다. 《청소년, 기도 많이 걱정 조금》에는 수많은 성경 구절 중에서 힘이 되고 위로를

주는 말씀을 골라 실었습니다. 성경을 조금 더 쉽게 이해하도록 돕고 싶어서 쉬운 말로 번역한 여러 성경을 비교해서 인용했답니다.

'명언 또는 좋은 글귀'에는 목회자나 신학자의 글, 소설가나 웹툰 작가의 말, 영화 대사나 노래 가사 등을 담았습니다. 글을 적다 보니 신기하게도 공통분모가 있더군요. 모두가 '성경'을 비추고 있다는 점입니다. 마치 영화의 조연들이 주인공을 받쳐 주는 것처럼, 여러 명언과 글들이 성경 말씀을 실제적으로 느끼도록 도와줍니다.

'묵상 글'에는 교회생활은 물론 학교생활, 가정생활, 교우생활 등 일상을 함께 다루고 있습니다. 그 이유가 무엇일까요? 성경이 우리의 모든 삶을 비추기 때문입니다.

이 책이 우리 삶의 이모저모를 성경으로 비춰 보는 데 도움을 줄 수 있기를 소망합니다.

활용법과 감사의 말

이 책은 80개 주제로 되어 있어요. 꼭 처음부터 순서대로 읽어야 하는 것은 아니랍니다. 관심 가는 주제를 찾아 먼저 읽어도 되고 한 주제를 여러 번 읽어도 상관없어요. 다만 꾸준히 읽는 것이 가장 도움이 되겠죠? 꿀팁을 드리자면, 매일(월-금) 한 장씩 읽으면 4개월간 이 책으로 묵상할 수 있어요. 또한 친구들과 '기도 많이 걱정 조금' 카톡방을 열어 묵상한 내용을 공유하고 함께 기도한다면 근심걱정이 마음 안에 자리 잡을 수가 없겠지요!

이 책을 만드는 데 많은 분이 도움을 주셨어요. 먼저, 처음부터 끝까지 원고를 읽고 아낌없는 조언을 해준 제자 송채경(고려대학교 경제학과 1학년), 문기태(예수향남기독학교 8학년)에게 감사를 전합니다. 원고 기획부터 출간까지 함께해준 사자와어린양 이현주 선생님께 감사를 드립니다. 늘 기도로 응원해 주시는 부모님, 제 곁에서 신뢰와 사랑을 아끼지 않는 아내 보람에게 큰 사랑을 전합니다.

제 아들이 청소년이 되었을 때 꼭 읽으면 좋겠다는 마음으로 글을 썼답니다. (제 아들은 2022년 현재 두 살입니다.^^) 여러분을 거쳐 후배들도 계속해서 이 책을 읽는다면 저자로서 더 큰 기쁨이 없겠지요.

청소년 여러분! 기도 많이 걱정 조금!!

2022년 가을
동네 독서실에서
정석원

part 2. 나

part 3. 관계

part 4. 세상

1. 정해진 장소 찾기

하나님의 말씀에 집중할 수 있는 조용한 장소를 찾아보세요.

2. 질문을 활용하기

성경 구절과 명언, 묵상 내용을 읽고 질문에 답해 보세요.

때론 '답'만큼이나 '질문'이 도움 될 때가 있습니다.

3. 글을 옮겨 적어 보기

공감되는 부분에 밑줄을 긋고 자신만의 노트(또는 일기장)에 적어 보세요. 스스로

적어 볼 때 진정으로 자신의 것이 되지 않을까요?

4. 믿음의 모델 찾아보기

명언을 남긴 인물 소개도 함께 읽어 보세요. 본받을 만한 분들이 많을 거예요!

5. 함께 읽을 사람 찾기

'홀로'보다는 '함께' 읽으면 더욱 도움이 됩니다.

함께 읽을 친구나 교회 멤버를 찾아보는 건 어떨까요? 부모님과 선생님도 좋아요!

part I.

I. 염려가 커졌을 (때) 때

예수께서 즉시 이르시되
"안심하라. 나니 두려워하지 말라."

마태복음 14:27

염려의 시작은 신앙의 끝이지만
신앙의 시작은 염려의 끝이다.

조지 뮬러

예수님의 제자들은 배를 타고 호수를 건너는 중에 최악의 상황을 마주합니다. 육지가 보이지 않을 만큼 열심히 노를 저어 멀리까지 왔는데, 풍랑이 일어 배가 흔들립니다. 게다가 역풍까지 불어옵니다. '최악 of 최악'이죠. 우리도 비슷한 일을 경험합니다. 내일이 중요한 시험인데 두뇌 회전은 더디고 시간은 빨리 지나갑니다. 긴장감 때문인지 몸 상태도 서서히 나빠지는 것 같습니다. 이럴 때 자연스럽게 올라오는 감정이 있습니다. '염려'입니다. 아직 닥치지 않은 '더 최악'의 상황이 떠오릅니다. (배탈이 나는 상황, 시험 당일 눈을 떠 보니 이미 지각인 상황…)

두려움에 빠져 있던 제자들은 예수님이 물 위로 걸어오시는 걸 보면서도 '더 최악'을 생각합니다. "으악~ 유령이다!" 염려가 켜지면(on) 믿음은 꺼집니다(off). 예수님은 말씀하십니다. "안심하라. 나다! 두려워하지 말라." 이 말씀을 믿음으로 받아들일 때, 염려는 힘을 잃습니다. 믿음이 켜지면(on) 염려는 꺼지기(off) 때문입니다. 지금도 예수님은 우리의 염려와 문제 한가운데서 말씀하십니다. "염려 마라! 내가 여기 있으니 두려워하지 말아라."

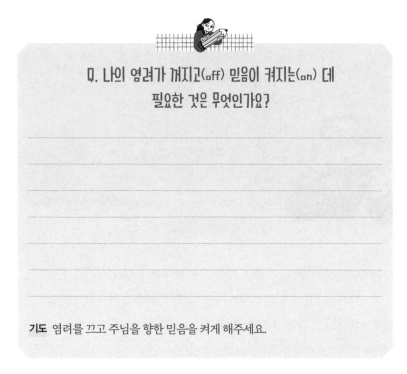

Q. 나의 염려가 꺼지고(off) 믿음이 켜지는(on) 데 필요한 것은 무엇인가요?

기도 염려를 끄고 주님을 향한 믿음을 켜게 해주세요.

조지 뮬러(George Muller, 1805-1898). 아버지의 주머니를 뒤져 돈을 훔칠 정도로 말썽을 부렸다. 스무 살 무렵, 무릎을 꿇고 기도하는 어느 성도의 모습을 보고 감동해 회심했다. 신학을 공부하고 선교사가 되어 고아원을 세웠으며, '고아의 아버지'로 불린다.

2. 믿음이 약해질 때

나, 하나님에게서 눈을 떼지 않으니
내 발이 걸려 넘어지는 일 없으리라.

시편 25:15(메시지성경)

아무리 뛰어난 사람이라도 시련과 고통을 당하면
쉽게 지치고 약해진다.
이것을 이겨 내는 가장 좋은 방법은
예수 그리스도를 바라보는 것이다.

매튜 헨리

시선 처리가 중요한 순간이 있습니다. 학생증에 넣을 사진을 찍을 때는 눈을 감거나 시선이 흐트러지면 다시 찍어야 합니다. 친구와 대화를 나눌 때는 어떨까요? 친구가 진지한 얘기를 꺼내는데 시선을 주지 않거나 폰만 들여다보면 관계를 유지하기 힘들 것입니다.

믿음 생활에서도 시선 처리는 매우 중요합니다. 성경에서는 물 위를 걸은 한 사람을 소개합니다. 예수님의 제자 베드로입니다. 작은 배 안에서 세찬 파도를 맞으며 호수를 건너던 베드로는, 물 위를 걸어오시는 예수님을 발견하고는 간절히 요청합니다. "주님, 저도 물 위를 걷게 해주세요!"

예수님은 긍정적으로 대답하십니다. "그래, 오너라!" 이 말씀을 들은 베드로는 물 위에서 한 발씩 내딛기 시작합니다. 정신을 차려보니 신기하게도 자신이 어느새 물 위를 걷고 있습니다. 하지만 베드로의 시선이 예수님이 아닌 세찬 바람으로 옮겨지자 서서히 물속으로 빠지게 됩니다. 예수님은 베드로의 손을 잡아 주며 말씀하십니다. "믿음이 작은 자여, 왜 의심하였느냐?"(마태복음 14:31)

우리 역시 베드로처럼 문제에 시선을 두면 쉽게 무너질 수 있습니다. 주어진 문제만 바라보지 말고 문제 뒤에 계시는 예수님께 시선을 두어야 합니다.

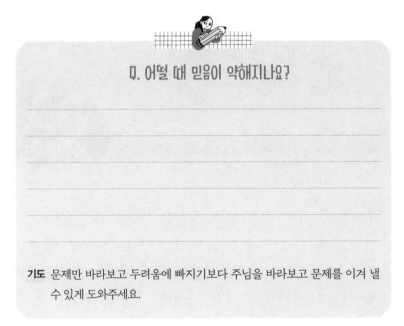

Q. 어떨 때 믿음이 약해지나요?

기도 문제만 바라보고 두려움에 빠지기보다 주님을 바라보고 문제를 이겨 낼 수 있게 도와주세요.

매튜 헨리(Matthew Henry, 1662-1714). 십대에 회심하여 신학과 법학을 공부하고, 성경 해설을 목회 사역의 중심으로 삼았다. 그가 남긴 성경 주석은 오늘날까지 수많은 목회자에게 큰 도움을 주고 있다.

3. 믿음이 흔들릴 때

믿음의 주요 또 온전하게 하시는 이인 예수를 바라보자.
그는 그 앞에 있는 기쁨을 위하여 십자가를 참으사 부끄러움을
개의치 아니하시더니 하나님 보좌 우편에 앉으셨느니라.

히브리서 12:2

흔들리지 않고 피는 꽃이 어디 있으랴
이 세상 그 어떤 아름다운 꽃들도 다 흔들리면서 피었나니

도종환, 〈흔들리며 피는 꽃〉에서

우리 몸의 안전은 시력을 교정하는 것에서 시작합니다. 눈이 잘 안 보이면, 길을 걷다가 돌부리에 걸려 넘어지거나 움푹 파인 웅덩이에 빠질 수 있습니다. 영혼의 안전은 시선의 고정으로 시작됩니다. 시선이 어디에 고정되어 있는지에 따라 영혼의 안전이 결정되기 때문입니다.

예수님도 시선이 흔들리실 때가 있었습니다. 십자가를 지시기 전, 예수님은 겟세마네 동산에서 이렇게 기도하셨습니다. "가능하다면 이 고난을 피하게 해주세요." 왜 이렇게 기도하셨을까요? 예수님은 완전한 '하나님'이시지만 고통을 아는 완전한 '사람'이기도 하십니다. 인간 예수님이 곧

마주하게 될 로마 군인들의 폭행, 제자들의 배신, 사형 도구인 십자가의 수치와 아픔은 생각만 해도 끔찍한 일입니다. 그러나 예수님은 이내 돌이켜 기도하십니다. "나의 뜻이 아닌 아버지의 뜻대로 되기를 원합니다." 흔들린 시선을 다시 하나님께 고정하신 것입니다.

우리의 시선도 현실 앞에서 무수히 흔들릴 수 있습니다. 진짜 믿음은 조금도 흔들리지 않는 것이 아닙니다. 크게 흔들리다가도 다시 하나님께 시선을 고정하는 것이 믿음입니다. 믿음이 흔들린다고 자책하는 것은 어리석은 일입니다. 우리 영혼의 안전을 위해 말씀으로, 기도로 하나님께 시선을 고정해야 합니다. '예수님처럼' 말입니다.

Q. 믿음이 흔들릴 때 주로 하게 되는 생각과 행동은 무엇인가요?

_____

_____

_____

_____

_____

기도 믿음이 흔들릴 때마다 자책하거나 절망하지 않고 예수님께 시선을 두게 해주세요.

 •

도종환(都鍾煥, 1955–). 시인. 소박하고 순수한 시어를 사용하여 사랑과 슬픔의 감정을 서정적으로 노래하면서도, 역사적 상상력에 토대를 둔다는 평가를 받고 있다.

4. 걱정이 꼬리에 꼬리를 물 때

공중에 나는 저 새들을 보라.
씨를 뿌리지도 거두지도 창고에 쌓아 두지도 않지만
하늘에 계신 너희 아버지께서 먹이신다.
너희는 새들보다 얼마나 더 귀하냐?

마태복음 6:26 (우리말성경)

지난달에는 무슨 걱정을 했지?
그것 봐. 기억조차 못 하고 있잖니.
그러니까 오늘 네가 걱정하는 것도 별로 걱정할 일이 아닌 거야.

생텍쥐페리, 《어린왕자》에서

걱정의 특징은 꼬리에 꼬리를 문다는 것입니다. 걱정은 또 다른 걱정으로 이어집니다. 학교 성적이 떨어지면 '원하는 대학에 갈 수 있을까?'라는 걱정에서 출발해 '안정적인 직업을 가질 수 있을까?'라는 걱정으로 이어집니다. 외모나 성격에 자신이 없으면 '여자친구(혹은 남자친구)를 사귈 수 있을까'에서 '결혼할 수 있을까?'로 연결됩니다. 이런 '걱정 꼬리 물기'는 끝도 없이 이어집니다.

걱정이 꼬리에 꼬리를 물 때 기억해야 할 것이 있습니다. '하나님이 우리를 돌보신다'는 것입니다. 이 사실을 믿을 때 걱정 꼬리 물기의 악순환

이 끊어집니다. 예수님은 공중을 날고 있는 새를 비유로 말씀하셨습니다. 하나님이 공중의 새들을 먹이시는 것처럼 우리도 돌보신다고 하십니다.

한 성경학자는 흥미로운 질문을 던졌습니다. "왜 예수님은 공중에 나는 독수리를 보라고 말씀하지 않으셨을까?" 독수리는 로마 군대의 마스코트입니다. 크고 강한 것의 상징입니다. 반면에 예수님이 말씀하신 '새'는 '참새'입니다. 작고 약한 것의 상징입니다. 보잘것없어 보이는 참새도 돌보시는 하나님이 그분의 자녀인 우리를 돌보시지 않으실까요? 그래서 '걱정하는 것이 더 걱정입니다.'

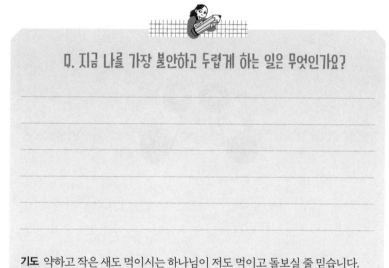

Q. 지금 나를 가장 불안하고 두렵게 하는 일은 무엇인가요?

기도 약하고 작은 새도 먹이시는 하나님이 저도 먹이고 돌보실 줄 믿습니다.

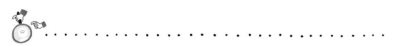

앙투안 드 생텍쥐페리(Antoine Marie Jean-Baptiste Roger de Saint-Exupéry, 1900-1944). 스물한 살에 공군에 입대해 조종사 면허를 땄고, 이후 비행기 조종사로 여러 업무를 담당했다. 그의 책 《어린왕자》는 세계인이 가장 사랑하는 작품으로 알려져 있다.

5. 나의 믿음이 시원찮게 느껴질 때

신앙을 가장한 어리석은 이야기를 멀리하십시오.
하나님 안에서 날마다 훈련하십시오.

디모데전서 4:7 (메시지성경)

사랑은 처음부터 풍덩 빠지는 건 줄 알았더니
서서히 물드는 거였다.

영화 〈미술관 옆 동물원〉에서

성경 속 믿음의 영웅에 대한 이야기를 들어본 적이 있을 것입니다. 모두 다이내믹한 스토리를 지니고 있습니다. 다윗은 믿음으로 골리앗에 맞서고, 다니엘은 믿음으로 사자 굴에 들어가고, 에스더는 믿음으로 민족을 살립니다. 믿음의 스토리를 들을 때면 감동이 되는 한편 기가 죽습니다. 우리의 믿음으로는 골리앗은커녕 고양이도 상대할 수 없을 것 같기 때문입니다.

모태 신앙인 경우, 믿음에 더 자신이 없습니다. 태아 때부터 교회 문턱을 드나드는 통에 극적인 변화를 맞볼 기회가 적기 때문입니다. 사람들은 우스갯소리로 모태 신앙을 '못 해 신앙'이라고 말하기도 합니다. 기도 '못 해', 전도 '못 해', 찬양 '못 해'라고 말입니다. 자신의 믿음이 시원찮다고 느끼는 사람은 드라마틱한 경험을 아쉬워합니다. '하나님이 분명한 음성을 들려주시거나 환상을 통해 만나 주시면 뜨겁게 믿을 텐데' 하고 말입니다.

우리는 한 번에 풍덩 빠지는 것을 원합니다. 그러나 믿음은 풍덩 빠지는 것이 아니라 서서히 물드는 과정입니다. 한 번에 다이내믹하게 빠지더라도 서서히 물드는 과정은 필수입니다. 매일의 삶에서 꾸준한 예배와 말씀 묵상, 기도를 하는 일은 참으로 고단합니다. 하지만 이 과정은 우리를 믿음으로 서서히 물들이는 훈련입니다.

Q. 서서히 물드는 믿음의 과정을 걷기 위해 지금 내게 필요한 것은 무엇일까요?

기도 한 번에 풍덩 빠지기만 구하기보다 매일 서서히 물들어 가는 믿음의 훈련을 해나가기 원합니다.

6. 기도가 응답되지 않는다고 생각될 때

예수께서 대답하여 이르시되
"…너희가 기도할 때에 무엇이든지
믿고 구하는 것은 다 받으리라" 하시니라.

마태복음 21:21-22

믿음의 기도가 응답되지 않은 적은
과거에도 없었고 미래에도 없을 것이다.

로버트 맥체인

'기도해도 응답되지 않는 것 같다'는 생각을 해봤을 것입니다. 기도했지만 원하는 결과가 나오지 않을 때 자동으로 드는 생각입니다. 그런데 우리가 원하는 대로만 기도가 응답된다면 어떻게 될까요? 영화 〈브루스 올마이티〉에서 신이 된 주인공은 세상 모든 사람의 기도에 '예스'로 답합니다. 이제 원하는 대로 기도가 응답되었으니 모두 행복할까요?

수많은 사람이 복권에 당첨됐지만 상금이 터무니없이 적습니다. 당첨자가 많을수록 상금은 줄어들기 때문입니다. 소원이 이루어져도 사람들은 행복해하지 않습니다. 오히려 사람들의 끝없는 욕심으로 도시는 몸살을 잃지요. 〈브루스 올마이티〉를 보면서 '원하는 대로만 이뤄지는 기도'에 대해 생각하게 됩니다.

예수님은 우리가 구하는 것은 다 받을 것이라고 약속하셨습니다. 다만 "믿고 구하는 것"이라는 조건이 있습니다. 우리가 믿어야 할 가장 중요한 핵심은 하나님이 우리 아버지라는 사실입니다. 아버지이신 하나님은 언제나 우리에게 '최선'의 것을 주십니다. 그것이 내가 '원하는 것'일 수도 있지만 '원하지 않는 것'일 수도 있습니다. 바울은 육체의 연약함이 사라지도록 기도했으나 하나님은 그대로 두셨습니다. 바울이 계속 겸손에 머물 수 있도록 하는 '하나님의 최선'이었습니다. 하나님은 무엇이 우리에게 최선인지 잘 아십니다. 그래서 우리의 기도에 늘, 항상, 언제나 최선으로 응답해 주십니다.

Q. 기도하기도 전에 '내 기도는 응답이 안 될 거야'라고
생각한 적이 있나요? 그 이유는 무엇인가요?

_____

_____

_____

기도 언제나 나의 삶을 최선으로 인도하시는 하나님 아버지를 신뢰하며 기도
하게 해주세요.

로버트 맥체인(Robert Murray M'Cheyne, 1813-1843). 스코틀랜드의 목사이자 시인. 일 년에 구약 한 번 신약 두 번을 읽도록 구성한 '맥체인 성경 읽기표'로 유명하다. 신앙심이 깊은 기도의 사람이었다고 전해진다.

7. 나쁜 것에 호기심이 생길 때

여러분의 최대의 적인 사단의 공격에 대비하여
정신을 차리고 경계하십시오.
사단은 배가 고파서 울어 대는 사나운 사자처럼
찢어 삼킬 먹이를 찾아다니고 있습니다.

베드로전서 5:8 (현대어성경)

죄에서 가장 멀리 서 있는 것이 가장 지혜롭고 안전하다.
구덩이에 떨어지는 것을 방지하는 가장 좋은 방법은
가능한 한 먼 거리를 유지하는 것이다.

토마스 브룩스

숲속에 교활한 여우와 호기심 많은 토끼가 살고 있었습니다. 토끼가 여우를 찾아가 말했습니다. "여우님은 참 똑똑하신 거 같아요. 그 비결을 말해 주실 수 있나요?" 여우가 답했습니다. "나를 따라오너라. 우리 집에서 함께 식사하면서 알려 주마." 토끼는 호기심이 발동했습니다. '여우 집은 어떻게 생겼을까?' 여우를 따라 집에 들어선 토끼가 물었습니다. "여우님, 오늘의 메뉴는 무엇인가요?" 여우는 답합니다. "오늘 식사 메뉴는 바로 토끼 너란다."

청소년 시기에는 호기심이 많습니다. 좋은 호기심도 있지만 나쁜 호기심도 있습니다. 대표적으로 술, 담배, 약물, 음란물, 불법 도박 등에 대한 관심이 나쁜 호기심입니다. 우리는 나쁜 호기심에 끌리는 경향이 있습니다. 사람에게는 알려지지 않은 세계, 금지된 세계에 대해 알고 싶어 하는 심리가 기본적으로 있기 때문입니다. 이 호기심은 잠시 발을 들여놓는 것으로 그치지 않습니다. 보이지 않는 죄 사슬이 우리 영혼을 묶어서 더 음산하고 어두운 곳으로 끌고 갑니다.

영혼에 해가 되는 공간은 처음부터 피해야 합니다. 원수 마귀(사단)는 결코 만만한 적수가 아닙니다. 잠시 발을 들였더라도 우리는 정신을 차리고 빠져나와야 합니다. 예수님은 보이지 않는 사슬을 끊고 우리를 자유하게 하시는 구원자이십니다.

Q. 호기심에 발을 들여놓았다가 후회한 일이 있나요?

_____

_____

_____

_____

기도 나쁜 호기심에 손을 대거나 발을 내딛는 일을 피하게 해주세요. 진정으로 평안하고 자유하게 하시는 예수님을 의지하고 싶습니다.

토마스 브룩스(Thomas Brooks, 1608-1680). 성경을 성경대로 전하는 목사, 성경대로 살아가는 성도였다고 알려져 있다. 지은 책으로는 《지상에서 누리는 천국》, 《참된 회심》 등이 있다.

8. 시험에 들려고 할 때 I

"너희에게 아버지가 되고 너희는 내게 자녀가 되리라.
전능하신 주의 말씀이니라" 하셨느니라.

고린도후서 6:18

문제가 무엇이든 상관없다.
하나님 자녀에게는 모든 해결이 하나님 아버지 손에서 온다.

한나 휘톨 스미스

예수님이 광야에서 마귀에게 시험(temptation)을 받으셨습니다. 예수님은 한 달 넘게 밤낮으로 굶주리셨습니다. 우리는 밥때를 조금만 놓쳐도 헛것이 보입니다. 지나가는 사람의 얼굴이 햄버거처럼 보이고, 하늘에 떠 있는 구름은 치킨처럼 보입니다. 광야에서 시험받으실 때 예수님의 육체적인 상황은 좋지 않았습니다. 그런데 마귀는 상대의 컨디션을 가리지 않고 시험합니다. 수련회에서 큰 은혜를 받은 직후에도, 부모님에게 꾸지람을 들은 직후에도 시험이 올 수 있습니다.

예수님을 향한 마귀의 시험은 아주 날카로웠습니다. 축구 경기에서 상대 수비수를 옴짝달싹 못 하게 만드는 킬 패스(kill pass)처럼 허를 찔렀습니다. 마귀의 시험은 세 가지였습니다(돌을 떡으로 바꿔라, 성전 꼭대기에서 뛰어내려라, 내 앞에 엎드려라). 각 시험마다 빠지지 않고 달린 표현이 있습니다. "네가 만일 하나님의 아들이거든(바꿔라, 뛰어내려라, 엎드려라)"입니다. 우리를 향한 마귀의 시험도 크게 다르지 않습니다. 하나님의 자녀라는 사실을 의심하게 만듭니다.

예수님은 마귀의 날카롭고 교활한 시험을 이기셨습니다. 하나님의 아들이셨기 때문입니다. 시험이 몰려와도 우리가 하나님의 자녀라는 사실은 변함이 없습니다. 이렇게 선포하십시오. "나는 누가 뭐래도 하나님의 거룩한 자녀야!"

Q. 지금까지 겪은 시험(유혹) 중에 가장 잘 이겨 냈다고 생각되는 시험은 무엇인가요?

기도 시험에 들 때마다 예수님의 승리를 기억하며 내가 하나님의 자녀라는 사실을 잊지 않게 해주세요.

한나 휘톨 스미스(Hannah Whitall Smith, 1832–1911). 19세기의 잔느 귀용이라 불릴 만큼 특별한 영성을 지닌 설교자이자 전도자. 집회를 이끌 때면 수천 명이 모여들었으며, 여성 참정권 운동 등에도 기여했다.

9. 시험에 들려고 할 때 2

예수께서 대답하셨다.
"성경은 '사람은 떡으로만 사는 것이 아니라
하나님의 입에서 나오는 모든 말씀으로 산다'고 가르친다."

마태복음 4:4(현대어성경)

성경을 단단히 붙잡으라.
성경이 당신을 단단히 붙잡을 때까지.

윌리엄 호튼

히어로가 등장하는 영화의 묘미는 빌런의 존재입니다. 배트맨에게는
조커, 어벤져스에게는 타노스, 해리포터에게는 볼드모트가 있습니다. 히
어로만큼 빌런의 능력도 만만치 않습니다. 많은 시민을 위험에 빠뜨리고
도시를 파괴하기도 합니다. 그러나 결국 빌런은 패배합니다. 히어로에게
는 강력한 아이템이 있기 때문입니다. 히어로가 최첨단 수트를 장착하거
나 신비한 물체를 휘두르면 제아무리 뛰어난 악당이어도 힘을 쓰지 못합
니다.

우리에게도 이와 같은 아이템이 있습니다. 바로 '하나님의 말씀'입니

다. 마귀는 최선을 다해 예수님을 공격했지만, 결국 패배했습니다. 예수님께는 말씀이 있었기 때문입니다.

예수님은 세 번의 시험을 한 표현으로 상대하셨습니다. '성경에 이렇게 기록되어 있다'라고 말입니다. 하나님의 말씀은 그 어떤 시험보다 강합니다. 우리는 어떤 시험도 두려워할 필요가 없습니다. 하나님의 말씀이면 충분하기 때문입니다. 반면에 하나님 말씀을 멀리하면 모든 시험이 두려울 것입니다. 아이템이 없는 히어로처럼 시험 앞에서 아무런 힘도 쓰지 못할 것이기 때문입니다.

눈앞에 닥친 시험을 상대하기보다 성경을 읽으십시오. 문제를 두려워하기보다 말씀을 붙잡으십시오. 하나님 말씀이 우리를 단단히 붙들 것입니다.

Q. 누군가 힘들어할 때 전해 줄 수 있는 나만의 성경 구절이 있나요?

기도 하나님의 말씀이 우리의 가장 큰 능력임을 믿고 성경을 자주 펼치고 읽고 붙들게 해주세요.

윌리엄 호튼(William Henry Houghton,1887-1947). 미국 무디성경연구소 4대 소장. 성경을 뜨겁게 사랑했으며 많은 이들에게 복음을 전했다고 한다.

10. 유혹이 찾아올 때

하나님, 나를 지켜 주소서. 죽을힘 다해 주께 피합니다.
하나님께 구합니다. "나의 주님이 되어 주소서!"
하나님 없이는 모든 것이 헛됩니다.

시편 16:1-2 (메시지성경)

새들이 머리 위로 나는 것은 막을 수 없지만,
머리에 둥지를 트는 것은 막을 수 있다.

아우구스티누스

생활 속에서 유혹이 찾아옵니다. 시험 기간에는 '커닝'이라는 유혹이 있을 수 있습니다. 술 담배를 하는 친구들을 보면 호기심이 몰려옵니다. 음란물에 대한 유혹이 있습니다.

성경 인물 요셉은 보디발의 아내에게 수차례 유혹을 받았습니다. 요셉은 하인이었고, 보디발의 아내는 그 집의 주인이었습니다. '을'과 슈퍼 '갑'의 관계였습니다. 보디발의 아내는 요셉에게 자신의 불륜상대가 되어 달라고 제안했습니다. 힘없는 하인이 슈퍼 '갑'인 주인의 제안을 거부하기란 쉽지 않았을 것입니다.

하지만 요셉은 그 유혹에 넘어갈 수 없었습니다. 상대가 아무리 높다고 한들 하나님보다 높을 수는 없기 때문입니다. 요셉은 유혹을 받는 현장을 뿌리치고 떠납니다. 하나님께로 피합니다.

우리에게 유혹이 찾아오는 것은 어쩔 수 없습니다. 새가 우리 머리 위로 나는 것을 막을 수 없는 것처럼 말입니다. 그러나 유혹의 자리를 떠날 수는 있습니다. 새가 우리 머리에 둥지를 트는 것을 막을 수 있는 것처럼 말입니다. 유혹의 자리에 머물지 말고 그 자리를 뿌리치고 떠나십시오. 죽을힘을 다해 하나님께 피하십시오. 유혹으로 얻는 유익보다 하나님 안에서 누리는 평안이 더 크고 깊습니다.

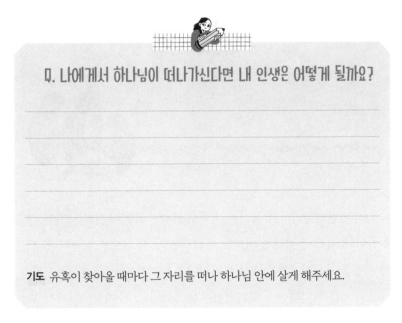

Q. 나에게서 하나님이 떠나가신다면 내 인생은 어떻게 될까요?

기도 유혹이 찾아올 때마다 그 자리를 떠나 하나님 안에 살게 해주세요.

아우렐리우스 아우구스티누스(Aurelius Augustinus, 354-430). 기독교가 낳은 위대한 철학자, 사상가. 마니교도이자 회의주의자였다가 죄를 회개하고 그리스도인이 되었다. 《신국론》, 《고백록》 등을 썼다. (위의 명언은 마르틴 루터의 말로 알려졌으나 아우구스티누스의 말이다.)

II. 유혹에 넘어졌을 때

의인은 일곱 번 넘어질지라도 다시 일어나려니와
악인은 재앙으로 말미암아 엎드러지느니라.

잠언 24:16

그리스도인이란 잘못을 절대 저지르지 않는
사람이라는 뜻이 아니다.
넘어질 때마다 회개하고 다시 일어나
몇 번이고 새롭게 시작할 수 있는 사람이라는 뜻이다.

C. S. 루이스

우리는 연약합니다. 유혹을 이기기도 하지만 유혹에 걸려 넘어질 때도
있습니다. 유혹에 걸려 넘어지고 나면 기도가 잘 나오지 않습니다. 주님
의 이름을 부르기에는 스스로 부끄럽다고 느끼기 때문입니다. 하지만 주
님은 우리의 연약함을 부끄러워하지 않으십니다. 이미 십자가에서 우리
의 죄를 모두 해결하셨기 때문입니다.

교회를 다니는 십대들 중에는 그리스도인의 자격을 따지는 친구들이
있습니다. 유혹에 넘어진 자신을 비난하며 말합니다. "내가 무슨 그리스
도인이야!" 유혹에 넘어진 친구를 정죄하며 말합니다. "저게 무슨 그리스

도인이야!" 결국 최종 판결을 내립니다. "최소한의 양심이 있다면 나는(또는 쟤는) 교회를 다니지 말아야 해." 유혹에 넘어진 자신(또는 다른 사람)이 교회를 떠나는 것을 양심 있는 행동이라며 은근히 인정해 주기도 합니다.

그리스도인의 진정한 가치는 넘어지지 않는 것에 있지 않습니다. 예수님의 십자가를 붙들고 다시 일어서는 데 있습니다. 자책하는 것에 있지 않습니다. 십자가에 달리신 예수님을 바라보며 회개하는 것에 있습니다. 유혹에 넘어졌나요? 십자가에 달리신 예수님께로 시선을 돌려 보세요. 우리의 연약함을 부끄러워하지 않으시고 새롭게 시작하게 하시는 사랑을 보게 될 것입니다.

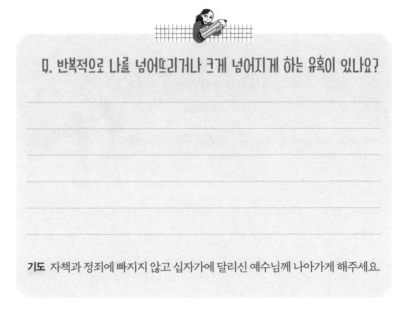

Q. 반복적으로 나를 넘어뜨리거나 크게 넘어지게 하는 유혹이 있나요?

기도 자책과 정죄에 빠지지 않고 십자가에 달리신 예수님께 나아가게 해주세요.

C. S. 루이스(Clive Staples Lewis, 1898-1963). 영국 옥스퍼드 대학과 케임브리지 대학에서 학생들을 가르쳤다. 기독교 집안에서 태어났지만 무신론자로 지내다가 삼십대에 회심을 했다. 《나니아 연대기》, 《스크루테이프의 편지》 등 많은 작품을 남겼다.

12. 하나님을 의지할 필요를 느끼지 못할 때

아브라함이 대답했습니다.
"제가 비록 먼지와 재 같은 존재에 불과하지만
내 주께 감히 말씀드리겠습니다."

창세기 18:27 (우리말성경)

하나님의 위대하심을 깊이 묵상하는 사람에게
세상은 보잘것없어 보인다.

로렌스 형제

아브라함은 하나님께 기도하며 고백합니다. "저는 먼지와 같은 존재입니다." 자신을 '먼지'라고 합니다. 인간의 원재료는 먼지라는 사실을 아시나요? 우리는 흙으로 지음을 받았고 다시 흙으로 돌아갑니다. 사람이 대단한 것 같아도 실상은 먼지입니다.

우리가 살고 있는 지구를 생각해 볼까요? 셀 수 없이 많은 별들 사이에서 지구는 먼지와 같은 크기입니다. 광대한 우주에 비하면 존재감이 제로라고 할 만큼 작습니다. 해운대 해수욕장이 우주라면 지구는 그 안에 있는 모래 한 알에 불과합니다. 사람이 살 수 있는 육지의 면적도 지구 안에서 극히 일부분입니다. 그 안에서 살아가는 사람은 더더욱 작습니다.

하나님은 크십니다. 온 우주보다 크십니다. 우주의 처음과 마지막이 하나님께 있기 때문입니다. 우리의 처음과 마지막도 하나님의 손에 있습니다. 사람의 인생은 하나님의 생기를 받아서 잠시 잠깐 여행하는 시간입니다. 우리의 작음을 알고 하나님의 크심을 믿을 때 비로소 하나님을 의지하게 됩니다. 생명 되시는 하나님을 의지하지 않고는 우리는 한순간도 살아갈 수 없습니다. 우리의 작은 삶이 우주 전체보다 값질 수 있는 것은 우리가 의지할 수 있는 하나님이 계시기 때문입니다.

Q. 크신 하나님을 생각해 본 적이 있나요? 그 하나님 앞에서 나는 어떠한 존재일까요?

_____

_____

_____

_____

_____

기도 우리는 너무 작습니다. 하나님은 아주 크십니다. 크신 하나님을 의지하며 살게 해주세요.

 •

로렌스 형제(Brother Lawrence, 1614-1691). 수도원에서 주방 허드렛일이나 신발 수선을 하면서 매 순간 하나님의 깊은 임재를 경험했다. 그의 묵상이 담긴 《하나님의 임재 연습》은 기독교 고전으로 사랑받고 있다.

13. 하나님이 멀게 느껴질 때

"보라, 처녀가 잉태하여 아들을 낳고
그 이름을 임마누엘이라고 부를 것이다" 하신
말씀을 이루려 한 것이다.
임마누엘은 "하나님이 우리와 함께 계시다"라는 뜻이다.

마태복음 1:23 (현대어성경)

하나님은 우리가 느끼는 것보다 더 가까이에 계신다.

로렌스 형제

이 세상에서 가장 먼 거리는 어디일까요? 지구 반대편? 저 먼 우주? 아닙니다. 하나님과 이 세상의 거리입니다. 하나님은 높고 거룩한 분의 끝판왕입니다. 반면에 이 세상은 아주 깨어지고 죄로 얼룩져 있습니다. 이 거리감은 누구도 좁히지 못합니다. 세상에서 가장 돈이 많은 사람도, 똑똑한 사람도 말입니다.

하나님은 '세상과 하나님'이라는 가장 먼 거리를 스스로 좁히셨습니다. 높고 거룩한 자리를 떠나 마리아라는 여인을 통해 이 땅에 오셨습니다. 생애 첫날을 왕궁이 아닌 가축 밥통에서 보내셨습니다. 그 누구도 주목하지 않는 사람들과 함께 사셨습니다. 그분이 바로 예수님입니다. 예수님의 별명은 '임마누엘'(하나님이 우리와 함께 계시다)입니다. 임마누엘 예수님은 우리가 느끼는 것보다 더 가까이에 계십니다. 눈에 보이지 않지만 아주 가까이에 있는 공기처럼 말입니다. 기쁠 때, 잘 풀릴 때, 즐거울 때는 물론 슬플 때, 힘들 때, 우울할 때도 변함없이 우리와 함께하십니다.

하나님이 멀게 느껴지나요? 임마누엘 예수님의 이름을 불러 보세요. 예수님이 돕지 못할 일이 없고, 위로 못 할 감정도 없습니다. 예수님은 우리가 느끼는 것보다 더 가까이에 계시기 때문입니다.

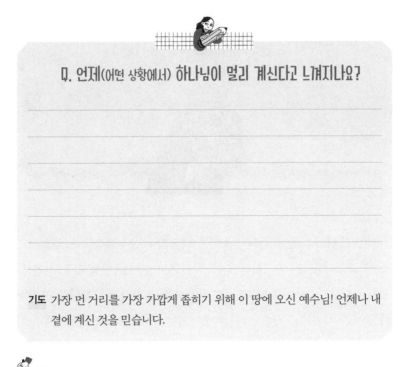

Q. 언제(어떤 상황에서) 하나님이 멀리 계신다고 느껴지나요?

기도 가장 먼 거리를 가장 가깝게 좁히기 위해 이 땅에 오신 예수님! 언제나 내 곁에 계신 것을 믿습니다.

로렌스 형제(Brother Lawrence, 1614-1691). 수도원에서 주방 허드렛일이나 신발 수선을 하면서 매 순간 하나님의 깊은 임재를 경험했다. 그의 묵상이 담긴 《하나님의 임재 연습》은 기독교 고전으로 사랑받고 있다.

14. 나의 생각이 믿음보다 앞설 때

우리는 믿음으로 살아가지,
보는 것으로 살아가지 아니합니다.

고린도후서 5:7(새번역성경)

그리스도인의 삶의 가장 큰 문제는 절대적인 하나님의 힘을
우리 자신의 생각으로 제한하는 것이다.

마틴 로이드 존스

어떤 사람이 해변을 걷다가 특이한 낚시꾼을 목격했습니다. 일반적으로 큰 물고기를 잡으면 "월척이다!" 외치면서 준비한 통에 담고, 작은 물고기를 잡으면 "피라미네?" 하면서 실망과 함께 바다에 던집니다. 그런데 이 낚시꾼은 거꾸로 했습니다. 큰 물고기는 바다로 던지고, 작은 물고기는 통에 담았습니다. 그가 물었습니다. "왜 그렇게 하시나요?" 낚시꾼이 답했습니다. "우리 집에는 작은 프라이팬밖에 없어서 큰 물고기는 가져가 봐야 쓸모가 없습니다."

우리는 답답한 마음에 이렇게 말할지 모릅니다. "큰 프라이팬으로 바

꾸면 되죠!" "큰 물고기를 작게 손질하면 되죠!" 그렇습니다. 그렇게 하면 되죠. 그런데 자신의 생각에만 갇히면 그 낚시꾼처럼 시야가 좁아집니다.

"눈에 안 보이는 하나님을 어떻게 믿어요?" "내가 보기에는 하나님이 없는 것 같아요." 십대들에게 자주 듣는 말입니다. 이 말을 들으면 마음이 답답해집니다. 우리의 작은 생각에 하나님을 담으려 하기 때문입니다. '내가 보기에는'이라는 말이 '믿음'보다 앞서면 보이는 것에 따라 끝없이 마음이 흔들리게 됩니다. 좋은 일이 생겼을 때는 하나님이 믿겨지다가 나쁜 일이 생기면 하나님이 믿겨지지 않습니다. 그러나 나의 믿음이 나의 작은 생각보다 앞서면, 보이는 것에 마음을 빼앗기지 않습니다. 어떤 시험과 고난도 넉넉히 이기게 됩니다. "Not by sight, But by faith!" 그리스도인은 '믿음'으로 살아가지 '보이는 것'으로 살아가지 않습니다.

Q. 보이는 것이 아니라 믿음으로 승리한 성경 인물에는 누가 있을까요?

_____

_____

_____

_____

기도 눈에 보이는 것으로 판단하고 절망하기보다 믿음으로 하나님을 의지하게 해주세요.

마틴 로이드 존스(David Martyn Lloyd-Jones, 1899-1981). 촉망받는 청년 의사였지만 하나님께서 자신에게 바라시는 것은 육신의 질병을 고치는 의사가 아니라 영혼의 질병을 고치는 목회자로서의 삶임을 깨닫고 의학계를 떠나 설교자의 길을 걸었다.

15. 필요한 순간에만 하나님을 찾을 때

하나님은 우리가 그분께 아무 쓸모가 없을 때에
당신의 아들을 희생적 죽음에
내어 주심으로, 그렇게 우리를 위해
당신의 사랑을 아낌없이 내놓으셨습니다.

로마서 5:8(메시지성경)

자신이 원하는 대로 될 때에만 신앙을 지키는 사람은
십자가를 제대로 경험하지 못한 사람이다.

팀 켈러

"필요할 때만 하나님을 찾는 것도 괜찮아요." 어느 방송 진행자가 한 말입니다. 그는 이어서 말했습니다. "아이가 방 안에서 정신 팔려 놀고 있을 때는 엄마가 불러도 답이 없습니다. 한참 후 배가 고파진 뒤에야 아이는 엄마를 부르며 나옵니다. 그렇다고 해서 엄마가 아이를 미워하지는 않을 것입니다. 하나님도 마찬가지입니다."

정신없이 하루하루를 보내다 보면 하나님을 잊게 됩니다. 중요하거나 힘든 일이 생기면 그제야 하나님을 찾지요. 이런 일이 반복되면 하나님께 죄송한 마음이 듭니다. 그래도 괜찮습니다! 하나님은 그 어느 때라도 우리를 받아 주시기 때문입니다.

마음에 담아야 할 것이 하나 더 있습니다. 하나님은 우리가 "아무 쓸모가 없을 때"에도 자신의 가장 귀한 독생자를 십자가에 내어 주셨다는 사실입니다. 이 사실을 잊으면 필요할 때만 하나님을 찾는 것을 당연시하게 됩니다. "이번에 원하는 대로 해주시면 하나님 잘 믿을게요." 원하는 대학에 보내 주시면, 키를 더 크게 해주시면, 다이어트에 성공하게 해주시면, 모태 솔로 탈출하게 해주시면… "교회 열심히 다니겠습니다." 이대로 굳어지게 되면 하나님의 사랑이 희미해집니다. 쓸모 없던 우리를 위해 자신의 모든 것을 내어 주신 하나님을 기억할 때, 하나님의 사랑이 우리 안에서 선명해집니다. 그 사랑이 오늘도 하나님을 의지하게 합니다.

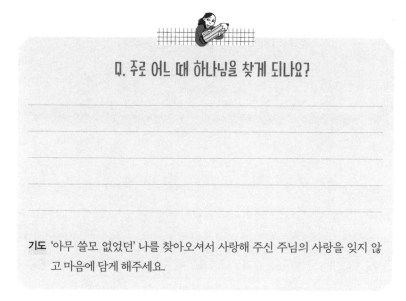

Q. 주로 어느 때 하나님을 찾게 되나요?

기도 '아무 쓸모 없었던' 나를 찾아오셔서 사랑해 주신 주님의 사랑을 잊지 않고 마음에 담게 해주세요.

팀(티모시) 켈러(Timothy J. Keller, 1950–). 미국 리디머 교회 설립 목사로서 복음 중심의 설교자로 알려져 있다. 《팀 켈러의 탕부 하나님》 외에 여러 책을 썼다.

16. 예수님의 클래스(class)를 경험하고 싶을 때

내 안에 거하라. 나도 너희 안에 거하리라.
가지가 포도나무에 붙어 있지 아니하면
스스로 열매를 맺을 수 없음같이
너희도 내 안에 있지 아니하면 그러하리라.

요한복음 15:4

하나님을 위해 살겠다는 사람은 많지만
하나님과 함께 살겠다는 사람은 보기 힘들다.

오스왈드 챔버스

수업시간에 하늘의 신 제우스, 지혜의 신 아테나, 바다의 신 포세이돈 등 그리스 로마 신화를 배우고 있었습니다. 여러 신이 엄청난 능력으로 세상을 다스리는 흥미진진한 이야기였지요. 한창 설명하던 선생님이 저를 지목하며 말씀하셨습니다. "내가 볼 때는 이 신들과 네가 믿는 예수가 다른 것이 없어 보이는데, 너는 어떻게 생각하니?" 선생님은 평소에 기독교를 탐탁지 않아 하셨습니다. 신화에 나오는 신들과 예수님이 다를 것 없다고 굳게 믿고 계셨지요.

"다른 것이 있습니다!" 저의 뜻밖의 대답에 약간 놀란 표정을 짓는 선생님께 이어서 말씀드렸습니다. "신화나 다른 종교에서는 사람이 신을 찾습니다. 신을 만나기 위해 열심히 도를 닦고 고행을 합니다. 그래도 만나기 어렵습니다. 제가 믿는 예수님은 (유일하게) 직접 이 땅을 찾아오셨습니다. 우리 죄를 위해 죽으시고 부활하셔서 지금도 우리와 함께하고 계십니다. 우리가 실수하고 부족한 모습을 보여도 말입니다. 이것이 다른 점입니다."

하나님이신 예수님이 우리를 먼저 찾아오시고 함께하신다는 사실은 놀라운 소식입니다. 이것이 그 무엇과도 비교할 수 없는 예수님의 클래스입니다. 예수님은 '나를 위해 살아라' 하기보다 '나와 함께 살자'고 말씀하십니다. 포도나무에 가지가 붙어 있는 것처럼 말입니다.

Q. 믿지 않는 친구가 "예수님은 어떤 분이니?" 하고 묻는다면 뭐라고 대답할 수 있을까요?

기도 예수님을 '위해서' 살기 이전에 예수님과 '함께' 살고 싶다고 고백하는 제가 되게 해주세요.

오스왈드 챔버스(Oswald Chambers, 1874-1917). 찰스 스펄전의 영향으로 회심했으며 예술과 고고학을 공부한 뒤 목회자가 되었다. 그의 책 《주님은 나의 최고봉》은 전 세계인에게 사랑받고 있다.

17. 믿음을 가지고 싶을 때

믿음은 들음에서 나며
들음은 그리스도의 말씀으로 말미암았느니라.

로마서 10:17

불가피한 일도 아닌데 예배를 드리지 않는 것은
영적 타락의 확실한 증거다.

프랜시스 하버갈

학생들: 목사님, 어떻게 하면 하나님에 대한 믿음이 생겨요?

정석원: 믿음은 무슨 일이 있어도 예배의 자리를 지키는 것으로 시작한
단다!

학생들: 우리는 믿음이 없는데요?! 예배를 드릴 필요성을 전혀 못 느끼
겠어요!

정석원: 믿음을 가진 사람이 예배를 드리는 것도 맞지만 예배를 드리는
자리에서 믿음이 생기는 것도 맞아!

청소년들과 자주 나누는 대화 내용입니다. 믿음은 예배의 자리에서 생겨납니다. 예수님의 말씀을 들으면서 믿음이 생기고 영혼이 건강해집니다. 예배의 자리를 떠나면 믿음의 성장이 멈추고 영적으로 병이 듭니다. 사울과 다윗을 보면 이해하기 쉽습니다.

사울은 이스라엘의 초대 왕이었습니다. 사울은 모든 면에서 완벽한 사람이었습니다. 왕이 되기 전까지만 말입니다. 신실하고 겸손했던 사울은 시간이 지날수록 믿음을 잃고 망가졌습니다. 다윗은 이스라엘의 2대 왕입니다. 사울과는 달리 시간이 지나도 믿음을 잃지 않았습니다. 사울과 다윗의 결정적인 차이는 '하나님께 예배하는 자리'에 있었느냐입니다. 사울은 하나님의 말씀을 듣는 자리를 떠났지만 다윗은 끝까지 지켰습니다.

지금 나의 몸과 마음은 예배의 자리를 지키고 있습니까? 우리의 믿음은 예배의 자리를 지키는 것으로 시작됩니다!

Q. 내가 꼭 예배의 자리를 지켜야 하는 이유를 세 가지로 정리해 볼까요?

_____

_____

_____

기도 하나님께 예배하는 자리를 그 어떤 것에도 양보하지 않을 믿음과 힘을 주세요.

프랜시스 하버갈(Frances Ridley Havergal, 1836–1879). 영국의 종교 시인이자 찬송가 작사가. 대표곡으로 찬송가 〈나의 생명 드리니〉(213장)가 있다.

18. 기도를 왜 해야 하는지 궁금할 때

다음 날 이른 새벽 아직 날이 밝기도 전에
예수께서는 한적한 곳으로 나가 기도하고 계셨다.

마가복음 1:35(현대어성경)

이 세상에서 하나님을 위해 가장 많은 일을 한 사람은
모든 일에 앞서 하나님 앞에 무릎 꿇은 사람이다.

E. M. 바운즈

예수님은 기도의 사람이었습니다. 최정상 아이돌급 스케줄에도 새벽 일찍 조용한 곳을 찾아 기도하셨습니다. 십자가 고난을 앞둔 두려움 가운데서도 기도할 곳을 찾으셨습니다. 할 일이 가장 많고 바쁜 중에도, 마음이 괴롭고 힘든 중에도 기도에 마음을 쏟으셨습니다. '뭐, 예수님 정도의 클래스니까 당연한 거 아니야?! 나는 그렇게 못 해'라고 생각하는 친구가 있을지 모르겠습니다. 그러나 다시 생각해 보면, 예수님은 기도할 필요가 없으신 분이었습니다. 말씀 한마디로 물이 포도주로 변하고 죽은 나사로가 살아나도록 하실 만큼 능력을 지닌 분이기 때문입니다.

하지만 예수님은 겸손하게 무릎을 꿇으셨습니다. 기도로 아버지 하나님께 나아가셨습니다. 하나님을 전적으로 의지하셨습니다. 아버지 하나님의 뜻이 이뤄지길 구하셨습니다. 아버지 하나님의 인도하심을 간구하셨습니다. 가장 기도가 필요 없으신 예수님이 말입니다.

예수님이 그러셨다면, 연약하고 욕심 많고 한 치 앞도 볼 수 없는 우리에게는 더욱 기도가 필요하지 않을까요?

Q. 기도를 통해 나는 어떤 유익을 얻을 수 있을까요? 기도할 수 있는 나만의 시간과 장소도 적어 보세요.

_____

_____

_____

_____

_____

_____

_____

기도 예수님처럼 겸손하게 아버지 하나님을 의지하고 기도하며 살게 해주세요.

E. M. 바운즈(Edward McKendree Bounds, 1835-1913). 감리교 목사이자 전도자, 군목, 변호사로 활동했다. 매일 새벽 4시에 일어나 7시까지 기도하는 '기도의 사람'으로 알려져 있다.

19. 기도하기 힘들 때

내가 여호와께 간구하매 내게 응답하시고
내 모든 두려움에서 나를 건지셨도다.

시편 34:4

기도는 훈련을 통해 발전한다.
처음에는 힘이 들어도, 결국 날아오르게 될 것이다.

피터 포사이스

　기도는 충전하는 시간입니다. 스마트폰 배터리가 부족하면 충전할 곳을 찾게 됩니다. 콘센트나 보조배터리가 없으면 마음이 불안해집니다. 아무리 좋은 기능이 있어도 전원이 꺼지면 스마트폰을 사용할 수 없기 때문입니다. 마찬가지로 우리는 충전을 위해 기도의 자리를 찾아야 합니다. 기도를 통해 하나님을 만나고 힘을 얻을 수 있습니다.

　3B를 기억하면 기도에 도움이 됩니다.

　Believe 믿고 기도하기. 우리에게 최선으로 응답하시는 아버지 하나님 신뢰하기.

Break **무엇이든** 기도하기. 아픔, 불안, 실망, 분노, 상처의 감정도 모두 고백하기.

Body **몸**으로 기도하기. 기도하기 위해 정해 놓은 시간과 장소에 꾸준히 나의 몸을 두기.

기도하는 것은 쉽지 않습니다. 꾸준히 기도하기란 매우 어렵습니다. 그런데 분명한 것은 기도하면 살아난다는 것입니다. 기도는 충전하는 시간이기 때문입니다. 기도는 하면 할수록 힘이 나고 발전하게 됩니다. 에너지가 필요한가요? 기도의 자리를 찾을 때입니다.

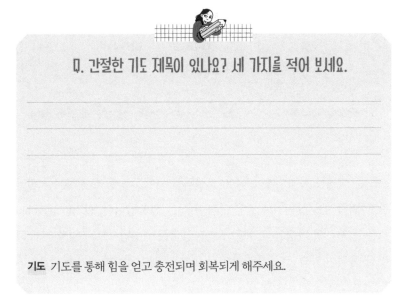

Q. 간절한 기도 제목이 있나요? 세 가지를 적어 보세요.

기도 기도를 통해 힘을 얻고 충전되며 회복되게 해주세요.

피터 포사이스(Peter Taylor Forsyth, 1848-1921). 신학자로서 그리스도의 대속사역 연구에 큰 업적을 남겼다. 그의 책 《영혼의 기도》는 기도야말로 세상의 유일한 희망임을 선포한다.

20. 성경을 알고 싶을 때

성경의 모든 부분에는 하나님의 숨결이 깃들어 있어
모든 면에서 유익합니다.
우리에게 진리를 보여 주고, 우리의 반역을 드러내며,
우리의 실수를 바로잡아 주고,
우리를 훈련시켜 하나님의 방식대로 살게 합니다.

디모데후서 3:16-17(메시지성경)

성경은 살아 있다. 그래서 나에게 말한다.
성경은 발이 있다. 그러므로 나를 따라온다.
성경은 손이 있다. 그래서 나를 붙들어 준다.

마르틴 루터

모든 책에는 목적이 있습니다. 소설책은 이야기를 통해 메시지를 전달하고, 과학책은 실험과 관찰을 통해 지식을 전달합니다. 전기(biography)책은 한 사람의 일생을 소개합니다. 성경책은 예수님으로 구원을 얻게 하는 데 목적이 있습니다. 만약에 이런 책이 있다면 어떻게 해야 할까요?

우리가 어디에서 왔고, 어디로 갈 것인지 알려준다.
우리가 왜 살아야 하는지, 어떻게 살아야 하는지 알려준다.
우리가 세상을 풍성하게 살아갈 수 있는 비결을 알려준다.

이런 책이 진짜 있다면 절대로 놓치지 말아야 합니다. 만약 놓치거나 멀리하게 되면 삶의 방향을 못 잡고 힘을 잃게 될 것입니다. 그 책이 바로 성경입니다.

마르틴 루터는 구원을 얻기 위해 최선을 다했습니다. 3일 동안 아무것도 먹지 않는 금식을 하거나 일주일 동안 밤잠을 안 자고 기도를 했습니다. 주기도문을 외우며 많은 계단을 무릎 끓고 오르기도 했습니다. 이런 엄청난 수고에도 구원의 길을 찾지 못했습니다. 그러다가 결국 '성경' 속에서 그 길을 찾고 종교개혁자가 되었습니다.

성경은 살아 있습니다. 우리를 살리고, 또 살아가게 합니다. 이것이 하나님 말씀인 성경을 놓치지 말아야 하는 이유입니다.

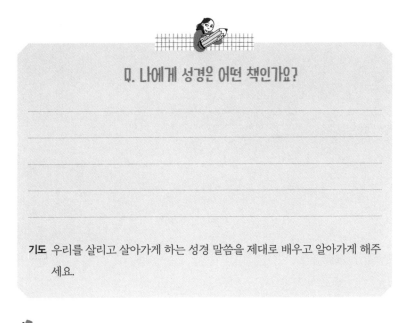

Q. 나에게 성경은 어떤 책인가요?

_____

_____

_____

_____

기도 우리를 살리고 살아가게 하는 성경 말씀을 제대로 배우고 알아가게 해주세요.

마르틴 루터(Martin Luther, 1483-1546). 독일의 종교개혁자이자 신학자. 돈벌이 수단으로 면벌부(면죄부)를 판매하는 교황청에 맞서 그가 '95개 논제'를 게재한 것이 종교개혁의 발단이 되었다.

part 2.

나

리. 나도 내가 싫어질 때

"너의 하나님 여호와가 너의 가운데에 계시니
그는 구원을 베푸실 전능자이시라.
그가 너로 말미암아 기쁨을 이기지 못하시며
너를 잠잠히 사랑하시며
너로 말미암아 즐거이 부르며 기뻐하시리라" 하리라.

스바냐 3:17

우린 빛나고 있네, 각자의 방 각자의 별에서…
한 사람에 하나의 역사, 한 사람에 하나의 별
70억 개의 빛으로 빛나는 70억 가지의 world

BTS, 〈소우주〉에서

자신이 마음에 안 들 때가 있습니다. 얼굴이 조금 더 작았으면, 눈이 조금 더 예뻤으면, 키가 조금 더 컸으면(혹은 더 작았으면)…. 조금 더 쾌활했으면, 조금 더 차분했으면, 조금 더 자신감이 있었으면….

주위를 둘러봐도 자신을 만족해하는 사람을 만나기 힘듭니다. 심지어 누구나 부러워할 만한 아이돌이나 연예인 중에도 자신이 마음에 들지 않는다고 고백하는 이가 꽤 많습니다. 왜 그럴까요? 자신에 대해 크고 작은 불만족을 품고 살아가기 때문입니다.

그런데 하나님은 우리를 보며 만족해하십니다. 우리의 외모가 빼어나든지 아니든지 상관없습니다. 성격이나 성적이 흥했거나 망했거나 관계가 없습니다. 하나님은 우리를 보시면서 '그 어떤 생각도 안 날 만큼' 기뻐하십니다. 이 기쁨은 '아무 이유 없이', '있는 모습 그대로' 우리를 향하고 있습니다. 그야말로 순도 100퍼센트 만족입니다.

하나님은 우리를 위해 하나밖에 없는 그분의 아들을 기꺼이 내어 주셨습니다. 그만큼 우리는 하나님께 귀한 자녀입니다. 하나님께 우리 한 사람 한 사람은 세상과 바꿀 수 없는 빛나는 별입니다.

Q. 나에게 있는 콤플렉스는 무엇인가요?
하나님은 그 콤플렉스를 어떻게 대하실까요?

기도 저를 '아무 이유 없이', '있는 모습 그대로' 기뻐하시는 하나님을 찬양합니다.

22. 루저라고 느껴질 때

여호와께서 아브람[아브라함]에게 이르셨다.
"너는 어서 고향을 떠나거라. 한데 어울려 사는 네 친척과
네 집안 사람들을 떠나 내가 가르쳐 줄 땅으로 가거라."

창세기 12:1(현대어성경)

창조주를 향한 피조물의 사랑에는
반드시 순종이 있어야 한다.
그렇지 않으면 그것은 의미가 없다.

프란시스 쉐퍼

하나님은 아브라함에게 명령하셨습니다. 고향을 떠나 낯선 곳으로 가라고 말입니다. 더 정확히는 '갈대아 우르'를 떠나 '가나안' 땅으로 가라고 하셨습니다. 갈대아 우르 지역은 세상의 중심이라고 불릴 만했습니다. 메소포타미아 문명이라는 화려함과 번영을 자랑하던 곳이었으니까요. 그당시 사람들이 이곳을 얼마나 동경했을지 상상할 수 있을 것입니다.

많은 사람들이 외모나 인기, 성적(등급), 명문대, 금수저 등을 세상의 중심이라 말합니다. 이 중심에 속한 사람을 '위너'(winner)라고 여기고, 그렇지 못할 때는 스스로 '루저'(loser)라고 생각합니다. 정말 그럴까요?

우리 하나님은 사람들이 위너라고 치켜세우는 사람이 아닌 하나님께 '순종'하는 사람을 사용하십니다. 순종하는 아브라함을 믿음의 조상으로 세우시고, 순종하는 예수님을 역사의 중심으로 삼으신 것처럼 말입니다.

사람들이 동경하는 셀럽이 아니라 하나님께 순종하는 사람, 그 사람이 인생의 진정한 위너입니다.

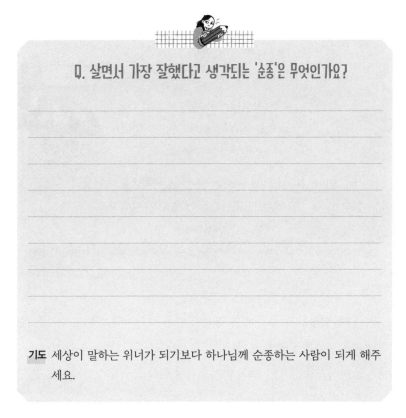

Q. 살면서 가장 잘했다고 생각되는 '순종'은 무엇인가요?

기도 세상이 말하는 위너가 되기보다 하나님께 순종하는 사람이 되게 해주세요.

프란시스 쉐퍼(Francis August Schaeffer, 1912-1984). 기독교 철학자이자 장로교 목사. 1955년 스위스에 '라브리(피난처) 공동체'를 만들어 성경과 기독교 세계관의 관점에서 토론하며 기독교 학문과 신앙을 발전시켜 전 세계 수많은 이들에게 영향을 미쳤다.

23. 별다른 재능이 없다고 느낄 때

나는 포도나무요 너희는 가지다.
너희가 내게 붙어 있고 내가 너희에게 붙어 있어서
친밀하고 유기적인 관계를 이루면,
틀림없이 풍성한 수확을 거둘 것이다.
그러나 내게서 떨어져 있으면,
너희는 아무 열매도 맺을 수 없다.

요한복음 15:5(메시지성경)

하나님께서 크게 축복하시는 것은 큰 재주가 아니라
주 예수 그리스도를 크게 닮는 것이다.

로버트 맥체인

어릴 때, 히어로를 좋아해 본 경험이 있을 것입니다. 불타는 정의와 엄청난 초능력으로 빌런을 몰아내는 그(그녀)에게 열광했습니다. 히어로가 새겨진 티셔츠를 입으면 '나도 히어로처럼 세상을 구할 것이다'라는 폼 나는 자신감이 생기기도 했습니다.

십대가 된 우리는 더 이상 히어로가 새겨진 티셔츠를 즐겨 입지 않습니다. 유치해서이기도 하지만 폼 나는 자신감이 없기 때문입니다. 나의 재능으로는 세상을 구하기는커녕 작은 동네도 구할 수 없을 것 같습니다. 세상 사람들을 행복하게 해주기는커녕 부모님의 기대조차 만족시킬 수 있으려나 모르겠습니다.

나에게 별다른 재능이 없다고 느껴질 때 꼭 떠올려야 할 질문이 있습니다. '하나님이 진정으로 기뻐하시는 재능은 무엇일까?' 다재다능하고 모든 면에서(어떤 특정한 것 하나라도) 두각을 드러낸다고 해서 하나님이 기뻐하시는 것은 아닙니다. 하나님이 기뻐하시는 것은 우리가 예수님께 꼭 붙어 있는 것입니다. 진정한 히어로이신 예수님 안에 머물러 있을 때 풍성한 열매를 맺기 때문입니다. 아무리 날고 기는 실력자라도 예수님 안에 거하지 않으면 결국 아무것도 아닙니다. 친구들을 앞서는 것보다 예수님께 붙어 예수님을 닮아 가는 것이 중요합니다.

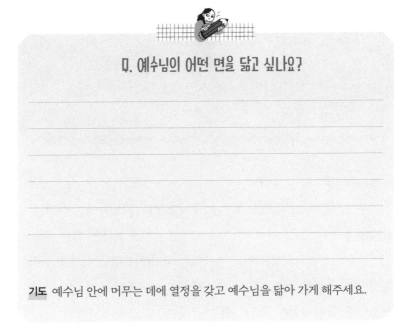

Q. 예수님의 어떤 면을 닮고 싶나요?

기도 예수님 안에 머무는 데에 열정을 갖고 예수님을 닮아 가게 해주세요.

로버트 맥체인(Robert Murray M'Cheyne, 1813–1843). 스코틀랜드의 목사이자 시인. 일 년에 구약 한 번 신약 두 번을 읽도록 구성한 '맥체인 성경 읽기표'로 유명하며, 기도의 사람이었다고 전해진다.

24. 나의 환경이 불만족스러울 때

믿음이 없이는 하나님을 기쁘게 할 수 없습니다.
그러므로 하나님께 나아가는 사람은 하나님이 계신 것과
하나님은 그분을 간절히 찾는 사람들에게
상 주시는 분임을 믿어야 합니다.

히브리서 11:6 (우리말성경)

나는 나의 어려운 환경에 대해서 하나님께 감사한다.
나는 어려운 환경 때문에 나 자신, 나의 일,
그리고 나의 하나님을 발견했기 때문이다.

헬렌 켈러

우리는 '주어진' 환경에서 살고 있습니다. 지구 어딘가에서 태어나 누군가의 자녀가 되었고 어느 가정에서 어린 시절을 보내야 했습니다. 시간이 지나 십대가 되었고 어느 동네에서 매일 하루라는 시간을 보내는 중입니다. 지금의 환경은 내가 선택한 것보다는 주어진 것들이 더 많아 보입니다. 그래서인지 '하필이면…'이라는 말을 가끔씩 내뱉습니다. '하필이면 이 나라에서 태어났을까', '하필이면 이 가정에서 자라야 했을까', '하필이면 이 외모(또는 성격)를 가지게 되었을까', '하필이면 이런 환경을 만났을까.'

그런데 우리의 환경은 '하필이면'이라고 말할 만큼 의미 없이 랜덤으로 주어지지 않았습니다. 하나님이 허락하신 자리입니다. 성경 속에 등장하는 믿음의 사람들은 모두 환경이 달랐습니다. 부유한 사람도 있고, 가난한 사람도 있고, 왕궁에서 자란 사람도 있고, 광야에서 자란 사람도 있습니다. 주어진 자리는 제각각이었지만 공통점이 있습니다. 바로 '믿음'입니다! '하나님이 반드시 살아 계신다는 것', '하나님을 간절히 찾는 자에게 상을 주신다는 것'을 믿었습니다. 이 믿음으로 하나님을 기쁘시게 했습니다.

나의 환경이 불만족스러운가요? 불평과 원망보다는 하나님을 기쁘시게 해드리는 믿음으로 가꿔 갈 때입니다.

Q. 성경에서 닮고 싶은 인물이 있나요? 그 이유는 무엇인가요?

_____

_____

_____

_____

기도 나의 환경을 불평하고 원망하기보다 하나님을 기쁘시게 해드리는 믿음으로 채워 주세요.

헬렌 켈러(Helen Adams Keller, 1880–1968). 19개월 되었을 때 시각과 청각을 잃고 말도 하지 못하게 되었지만, 설리반 선생의 도움으로 래드클리프 대학을 우등생으로 졸업했다. 사회운동가로서 평생 장애인들을 위해 살았다.

25. 상실이 두려울 때

우리의 대제사장은 우리가 당하는
이 시련을 몸소 겪으신 분이기 때문에
우리의 연약함을 잘 알고 계십니다.

히브리서 4:15(현대어성경)

삶이 끝난 후에 그렇게 살았으면 좋았으리라고
생각할 삶을 지금 살자.
영원히 빛나는 삶을 살자.

찰스 스펄전

상실에 대한 두려움이 몰려올 때가 있습니다. 부모님의 몸이 약해지거나 갑자기 아프면 무서운 마음이 듭니다. '엄마아빠가 돌아가시면 어떡하지?' 부모님이 다투는 일이 잦아지면 두려워집니다. '이혼하시면 어떡하지?'

나와 함께하는 누군가를 잃는다는 생각만 해도 눈물이 납니다. 상실에 대한 두려움에 빠지면 일상생활이 어려울 정도로 삶이 흔들립니다. 그런데 상실의 마음을 누구보다 잘 아시는 분이 계십니다. 바로 하나님입니다.

하나님은 자신의 하나밖에 없는 아들, 예수님을 십자가에서 잃어 보셨습니다. 사람들에게 조롱을 받고 폭력을 당한 후에 두 손과 두 발이 대못으로 찢기는 아들의 모습을 보셔야 했습니다. 십자가에 매달린 아들로부터 "나의 하나님, 어찌하여 나를 버리셨나이까?"라는 울부짖음을 들으셔야 했습니다. 그러니 누구보다 상실의 두려움을 잘 아십니다.

상실이 두려울 때는 하나님 앞에 나아가십시오. 그리고 이렇게 기도해 보세요. "하나님, 저의 두려움을 아시죠? 하나님의 평안을 허락해 주세요."

여기에 잊지 않고 덧붙여야 할 기도가 있습니다. "하나님, 지금 곁에 있는 사람들을 후회 없이 사랑할 수 있도록 해주세요!"

Q. 지금 나는 무엇을 잃을 것 같아 가장 두렵고 불안한가요?

기도 하나님, 두렵습니다. 평안을 주세요. 곁에 있는 사람들을 후회 없이 사랑하게 해주세요.

찰스 스펄전(Charles Haddon Spurgeon, 1834-1892). 영국 침례교 목사로 탁아 사업, 성경 보급, 교육 등에 관심이 많았다. '사도 시대 이후 가장 영향력 있고 유능한 설교자'라는 평가를 받았다.

26. 실패했을 때

선한 사람의 걸음을 여호와께서 정하시니
그분은 그 길을 기뻐하십니다.
그는 넘어지더라도 아주 엎어지지 않을 것입니다.
여호와께서 그 손으로 붙잡아 주시기 때문입니다.
시편 37:23−24 (우리말성경)

신은 다시 일어서는 법을 가르치기 위해 넘어뜨린다고 나는 믿는다.
넘어질 때마다 나는 번번이 죽을힘을 다해 다시 일어났고,
넘어지는 순간에도 다시 일어설 힘을 모으고 있었다.
그렇게 많이 넘어져 봤기에
내가 조금 더 좋은 사람이 되었다고 난 확신한다.
장영희, 《문학의 숲을 거닐다》에서

십대가 되면서 우리는 본격적으로 실패를 경험합니다. 지난 성적을 만회하겠다는 목표 하나로 시험에 매달렸지만 더 추락합니다. 다이어트에 대한 굳은 결심은 치킨의 옅은 향내에도 금방 녹아 버립니다. 호감 가는 이성에게 대차게 고백하고 딱지를 맞습니다. 친구를 진심으로 도와줬지만 돌아오는 것은 뒷담이나 이용당함입니다. 열심히 준비한 일에 좋은 반응을 얻지 못하기도 합니다. 실패의 경험은 아프고 무기력하게 합니다.

그러나 실패 때문에 꼭 주저앉을 필요가 없습니다. 태어나서 지금까지 실패를 디딤돌 삼아 성장했기 때문입니다. 수없이 넘어지는 순간들을 딛

고서 첫 걸음마를 뗄 수 있었습니다. 수많은 옹알이 끝에 말을 할 수 있었고, 쓰러지고 무릎이 까지는 상처를 딛고서 자전거를 탈 수 있었고, 주문 같은 구구단을 수없이 틀린 끝에 마침내 외우게 되었습니다.

하나님은 우리의 실패를 아십니다. 실패에서 오는 좌절과 상처를 아십니다. 하나님은 우리의 힘이 되십니다. 실패를 딛고 서서 다시 시작할 수 있는 충분한 힘이 되십니다.

실패를 '걸림돌이 아니라 디딤돌'이 되게 하시는 하나님을 신뢰하십시오. 그분 안에서 우리는 더욱 성숙한 자녀로 설 수 있습니다.

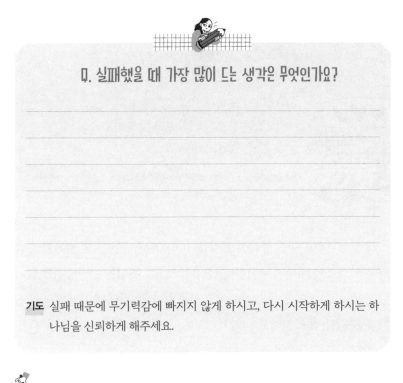

Q. 실패했을 때 가장 많이 드는 생각은 무엇인가요?

기도 실패 때문에 무기력감에 빠지지 않게 하시고, 다시 시작하게 하시는 하나님을 신뢰하게 해주세요.

장영희(張英姬, 1952-2009). 영문학자, 문학가, 수필가. 생후 일 년 만에 소아마비를 앓아 두 다리를 못 쓰게 되었지만 역경을 딛고 영문학 박사가 되어 서강대학교 영어영문학과 교수로 재직했다.

27. 사랑받을 자격이 없다고 느낄 때

사랑은 여기 있으니 우리가 하나님을 사랑한 것이 아니요
하나님이 우리를 사랑하사 우리 죄를 속하기 위하여
화목 제물로 그 아들을 보내셨음이라.

요한일서 4:10

새는 날게끔 창조되었고 사람은 사랑을 받게끔 창조되었지.
사랑받지 못하고 산다는 건 새의 날개를 꺾는 격이야.
아픔이 우리를 그렇게 만들어.
풀지 않으면 창조된 이유마저 잊게 하지.

영화 〈오두막〉에서

시험 성적으로 내신 등급이 정해집니다. 등급은 그저 시험 결과일 뿐인데 인생 등급이 매겨지는 느낌이 듭니다. 외모로 사람을 판단하기도 합니다. 키 크고 얼굴이 잘생기면(예쁘면) 좋은 사람, 그 반대는 덜 좋은 사람이 되는 기분입니다. 인기도 마찬가지입니다. 인기가 많으면 특별한 사람, 그 반대는 흔한 사람이 되는 분위기입니다.

사람들은 사랑받을 수 있는 '자격'을 말합니다. "넌 충분히 사랑받을 만해. 뛰어나고, 잘났고, 인기도 많잖아?!" 그러다 보니 내가 얼마나 사랑받을 만한 사람인지를 증명하려고 합니다.

그렇다면 '하나님의 사랑을 받기 위해서는 어떻게 해야 할까요?' (정답을 찾아보세요.)

① 공부를 잘한다. ② 외모를 가꾼다. ③ 헌금을 많이 낸다. ④ 신앙생활을 잘한다.

모두 오답입니다. 하나님이 자녀에게 주시는 사랑은 증명하는 것이 아닙니다. 믿음으로 '받아들이는 것'입니다. 하나님이 먼저 우리에게 사랑을 증명해 주셨기 때문입니다. 하나님은 우리가 얼마나 사랑받을 만한 사람인지, 얼마나 소중한 사람인지 확실하게 보여 주셨습니다. 우리를 위해 그분의 가장 귀한 아들, 예수님을 보내 주셨기 때문입니다. 심지어 자격 없는 죄인을 위해서 말입니다. 우리는 이미 사랑받기에 합당한 자녀들입니다.

Q. "하나님은 너를 왜 사랑하셔?"라는 질문을 받는다면 어떻게 말해 줄 건가요?

_____

_____

_____

_____

기도 사랑받을 자격을 증명하려 하지 말고, 하나님의 무조건적인 사랑을 믿음으로 받아들이게 해주세요.

28. 비교될 때

우리는 저마다 그리스도의 은혜에 따라
각자에게 알맞은 선물을 받았습니다.

에베소서 4:7(메시지성경)

'다른 사람'보다 뛰어난 것이 고귀한 것이 아니다.
'과거의 자신'보다 뛰어난 것이 진정으로 고귀한 것이다.

헤밍웨이

　　하나님은 각자에게 알맞은 선물을 주셨습니다. 사람에 따라 다섯 달란
트, 두 달란트, 한 달란트를 나눠 주셨지요. 우리는 서로의 달란트를 비교
하기 좋아합니다. 그 결과, 우월감을 갖거나 열등감을 품게 됩니다. 하지
만 하나님은 사람의 달란트를 비교하지 않으십니다. 각자가 받은 달란트
로 얼마나 충성을 다했는지를 따지십니다. 우리 모두는 적어도 한 달란트
씩은 선물로 받았습니다. 신약성경이 쓰일 당시, 달란트는 가장 큰 화폐
단위였습니다. 한 달란트를 받은 것만으로도 엄청난 금액을 선물받은 것
입니다.

하나님은 우리에게 갚을 수 없는 큰 선물을 주셨습니다. 길이요 진리요 생명이신 예수님을 주셨습니다. 성령님을 주셨습니다. 새 생명을 주셨습니다. 영원한 사랑을 주셨습니다. 이미 주신 선물을 헤아려 보기에도 숨 가쁠 정도입니다.

엄청난 선물이 가득 담긴 하나님의 손을 한순간에 초라하게 만드는 것이 있습니다. '비교'입니다. 비교는 모든 선물을 결국에 불평과 원망거리로 만들어 버립니다.

남들과 비교하며 원망하기보다 감사하는 삶을 살 수 없을까요? 가능합니다! 하나님이 이미 주신 선물을 세어 보면 됩니다.

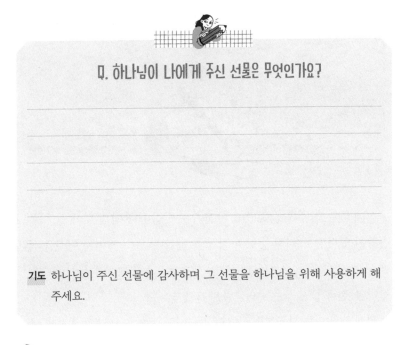

Q. 하나님이 나에게 주신 선물은 무엇인가요?

기도 하나님이 주신 선물에 감사하며 그 선물을 하나님을 위해 사용하게 해 주세요.

어니스트 헤밍웨이(Ernest Hemingway, 1899–1961). 소설가. 주요 작품으로 《무기여 잘 있어라》, 《누구를 위하여 종은 울리나》 등이 있으며 《노인과 바다》로 노벨문학상을 수상했다.

29. 과거의 후회가 낙인찍을 때

예수께서 시몬 베드로에게 말씀하셨다.
"요한의 아들 시몬아, 네가 이 사람들보다 나를 더 사랑하느냐?"

요한복음 21:15 (메시지성경)

과거는 너를 아프게 할 수 있지.
하지만 너는 그 과거로부터 도망칠 수도 있고,
무엇인가를 배울 수도 있어.

애니메이션 〈라이언 킹〉에서

십대 때는 실수가 많습니다. 누군가는 사람마다 평생 써야 할 지랄의 총량이 있다면서 '지랄 총량의 법칙'을 말합니다. 어떤 이는 이것을 십대에 모두 다 씁니다. 분노나 충동적인 행동으로 누군가에게 상처를 주기도 합니다. 결국 남는 것은 후회뿐일 때가 많습니다.

과거의 후회로 얼룩졌던 사람이 있습니다. 부활하신 예수님 앞에 선 제자 베드로입니다. 베드로는 생업인 어부를 포기하고 예수님을 따랐습니다. 그 결과는 처참한 실패처럼 보입니다. 십자가 고난을 앞둔 예수님을 세 번이나 모른다고 부인했고, 마지막 세 번째에는 저주까지 퍼부었습니다. 자신이 피해를 입을까 봐 불안했기 때문입니다. 베드로는 '내가 왜 그랬을까?'(자책감), '나 같은 사람이 무얼 할 수 있을까'(무기력감) 하며 후회를 했을 것입니다.

부활하신 예수님은 베드로를 찾아가셨습니다. 예수님은 베드로를 향해 이렇게 말씀하셔야 했습니다. "내 손에 한번 죽어 볼래?" "나를 부인한 횟수당 백 대씩 맞자!" 하지만 예수님은 다르게 말씀하셨습니다. "베드로야, 나를 사랑하니?" 베드로가 "예, 그렇습니다"라고 답하자 예수님은 "내 어린 양들을 먹여라" 하고 부탁하십니다.

예수님은 우리의 실수를 비난하지 않으십니다. '나쁜 아이'라는 낙인도 찍지 않으십니다. 도리어 우리를 믿어 주십니다. 자기 자신에게 '안 될 아이'라는 낙인을 찍기보다 새롭게 시작하게 하시는 주님을 바라볼 때입니다.

Q. 자기 자신에게 '난 안 될 아이야'라고 낙인을 찍은 경험이 있나요?

_____

_____

_____

_____

기도 후회로 남는 실수를 다시는 반복하지 않을 지혜와 다시 시작하게 하시는 예수님을 바라볼 용기를 주세요.

30. 과거의 상처가 나의 발목을 잡을 때

저를 팔아넘겼다고 괴로워하지도 말고, 자책하지도 마십시오.
그 일 뒤에는 하나님이 계셨습니다.
하나님께서 나를 형님들보다 앞서 이곳으로 보내셔서,
여러 목숨을 구하게 하셨습니다.

창세기 45:5(메시지성경)

어제 무슨 일이 있었는지에 관계없이 오늘 주님께 매달린다면,
당신의 어제는 내일을 지배할 수 없다.

토니 에반스

과거의 일이 지금의 나를 아프게 합니다. 누군가에게 거절당하고, 학대당하고, 미움 받았던 경험이 오늘의 나를 누르고 자신감을 잃게 합니다. 과거의 상처는 오늘로 끝나지 않고, 내일의 나에게도 고통을 안겨 줄 수 있습니다.

요셉은 형들에게 철저히 짓밟혔습니다. 요셉을 미워한 형들은 요셉을 죽이기로 마음먹습니다. 결국 죽이지는 않았지만 이집트로 가는 상인들에게 팔아넘기고 맙니다. 이집트에 노예로 팔려간 요셉은 시간이 흘러 그 나라 총리가 됩니다. 요셉은 이런 마음을 품을 법합니다. '형들에게 당한

것을 어떻게 되갚아 줄까?' '형들을 지구 반대편에 노예로 팔아 버릴까?' 요셉에게는 그럴 수 있는 힘이 있었습니다. 초강대국의 실세였기 때문입니다. 그러나 해코지를 하지 않았습니다. 요셉이 형들을 만나 말합니다. "하나님이 저를 이곳에 보내셔서 사람들을 살리게 하셨습니다."

하나님은 요셉의 과거 상처를 사명으로 바꾸셨습니다. 우리의 과거 상처도 사명으로 바꾸십니다. 친구에겐 말로 상처를 입었지만 나에게는 말로 상처를 주지 않아야 할 사명이 있습니다. 선배에게 무시와 학대를 당했어도 나에게는 다른 후배들을 위로하고 격려해 주어야 할 사명이 있습니다. 과거의 일로 힘들어하는 누군가에게 '상처 입은 치유자'가 되어 주어야 하는 사명이 우리에게 있습니다.

Q. 과거의 상처가 사명으로 바뀐다면, 나에게는 어떤 사명이 있을까요?

_____

_____

_____

_____

기도 과거에 받았던 상처가 나의 사명이 되기를 기도합니다.

토니 에반스(Tony Evans, 1949–). 미국 댈러스 오크클리프 바이블펠로우십 교회 설립자이자 담임목사. 《십자가, 그 놀라운 능력》, 《아무것도 염려하지 않는 믿음》 등을 썼다.

키. 위급한 일이 생겼을 때

이스라엘을 지키시는 이는 졸지도 아니하시고
주무시지도 아니하시리로다.

시편 121:4

하나님은 우리가 기쁨 가운데 있을 때는 속삭이시고,
우리가 어려움에 처했을 때는 말씀하신다.
그리고 우리가 고통 가운데 있을 때는 큰 소리로 외치신다.

C. S. 루이스

이제까지의 제 경험 중 가장 위급했던 상황은 아내의 첫째 출산이었습니다. 가족분만실에서 아기가 나오기를 기다리고 있는데, 의료진들의 분위기가 갑자기 험악해졌습니다. '뭔가 심각한 상황이 생겼구나' 하는 직감이 왔습니다. 바로 그때 주치의 선생님이 긴박하게 말했습니다.

"산모와 아기 둘 다 위험합니다. 바로 수술하셔야 합니다."

수술 동의서를 건네받았습니다. 종이 한 면에는 여러 조항이 채워져 있었습니다. 그중 한 조항에 시선이 멈췄습니다.

"산모와 아기의 생명에 이상이 있어도 병원은 책임지지 않습니다."

심장이 멈추는 느낌이었습니다. 서명한 종이를 건네자 의료진들은 아내가 놓인 침대를 밀고 어디론가 사라졌습니다. 저는 차가운 바닥에 털썩 주저앉았습니다. 아내와 아기를 위해 내가 할 수 있는 일이 없다는 생각에 멍해졌습니다. 그 순간 한 말씀이 떠올랐습니다.

"이스라엘을 지키시는 이는 졸지도 아니하시고 주무시지도 아니하시리로다."

계속해서 이 말씀을 중얼거렸습니다. "이스라엘을 지키시는 이는… 이스라엘을 지키시는 이는…." 그 순간 평안이 찾아왔습니다. '생명은 하나님께 있다'는 확신이 들었기 때문입니다.

위급한 상황이 찾아옵니다. 내가 할 수 있는 일은 아무것도 없는 것 같습니다. 바로 그 순간이 모든 생명이 하나님께 있음을 고백할 때입니다.

**Q. 내 생애 가장 위급했던 순간은 언제인가요?
그때의 나에게 어떤 말을 건네고 싶나요?**

_____

_____

기도 위급한 일이 닥쳤을 때, 두려워하기보다 하나님의 도우심을 구하게 해주세요.

C. S. 루이스(Clive Staples Lewis, 1898-1963). 영국 옥스퍼드 대학과 케임브리지 대학에서 학생들을 가르쳤다. 기독교 집안에서 태어났지만 무신론자로 지내다가 삼십대에 회심을 했다. 《나니아 연대기》, 《스크루테이프의 편지》 등 많은 작품을 남겼다.

32. 선택을 앞두고 하나님의 뜻을 알기 힘들 때

너는 마음을 다하고 뜻을 다하고 힘을 다하여
네 하나님 여호와를 사랑하라.

신명기 6:5

사랑하라, 그리고 네가 하고 싶은 것을 하라.

아우구스티누스

십대는 선택할 것이 많습니다. 어떤 스타일의 옷을 입을지, 주말에 친구와 뭘 하고 놀지처럼 소소한 선택도 있고, 어떤 학교로 진학할지, 대학을 갈지 취업을 할지처럼 중요한 선택도 있습니다. 어른들이 대신 결정해 줄 때도 있고, 조언을 참고해 내가 선택하기도 합니다. 때로는 이런 생각이 듭니다. '하나님은 내가 어떤 선택을 하기 원하실까?'

하나님의 뜻을 묻기 시작하면 더 미궁에 빠지는 느낌입니다. 무엇이 하나님의 뜻인지 명확하지 않을 때가 많기 때문입니다. 마치 알라딘 램프의 지니처럼 눈앞에 나타나 "이쪽으로 가거라" 하고 하나님이 말씀해 주시면 속이 시원하겠다는 생각도 합니다.

그런데 하나님께서는 '무엇을' 선택하는지보다 '왜' 선택하는지가 더 중요합니다. 우리의 외모(사람들에게 보이는 것)가 아니라 중심(하나님에게 보이는 것)을 보시기 때문입니다. 사람들 보기에 좋아 보이는 일이라도 내 유익만을 위한 선택이라면 좋은 선택이 아닙니다. 반면에 하나님을 사랑하기 위한 선택이라면 좋은 선택입니다. 하나님을 사랑하는 마음으로 행하는 일들이 하나님의 뜻이 되기 때문입니다. 선택을 앞두고 하나님의 뜻을 알기 힘들다면, 지금 잘하고 있는 걸까 헷갈린다면, 우리의 중심을 점검해야 합니다.

Q. 어떤 선택을 해야 할지 고민에 빠진 적이 있나요? 어떤 이유로 고민을 했나요?

_____

_____

_____

_____

기도 어떤 선택을 하든지 하나님을 더 사랑할 수 있는 선택이 되게 도와주세요.

아우렐리우스 아우구스티누스(Aurelius Augustinus, 354~430). 기독교가 낳은 위대한 철학자, 사상가. 마니교도이자 회의주의자였다가 자신의 죄를 회개하고 그리스도인이 되었다. 《신국론》, 《고백록》 등을 썼다.

ㅋㅋ. 스마트폰이나 게임 중독일 때

두 눈을 부릅뜨고 네 마음을 지켜라.
마음은 생명의 근원이다.

잠언 4:23 (메시지성경)

사람의 마음은 우상을 만드는 공장이다.

칼뱅

'폰아일체증후군'이라는 말이 있습니다. '스마트폰'과 '내'가 하나처럼 느껴지는 증상을 가리킵니다. 이 증상을 겪는 사람은 손에 폰을 쥐고 있어야 마음이 편안합니다. 습관처럼 폰을 들여다보는 것은 물론이고 일상의 대부분을 폰을 사용하면서 보냅니다. 문제는 폰이 없으면 못 살 것 같은 데 있습니다. 불안하고 초조해서 다른 일에 집중이 안 됩니다.

스마트폰도 우상이 될 수 있습니다. 우상은 나무, 돌, 쇠붙이 같은 걸로 만든 어떤 형상만을 말하지 않습니다. 내가 하나님보다 더 사랑하는 것이 우상입니다. 그래서 인터넷, 온라인 게임, 동영상, SNS 등도 우상이 될 수 있습니다.

성경에서는 보는 것과 듣는 것이 아주 중요하다고 말합니다. "이 말을 네 눈에서 떠나지 않게 하라"(잠언 4:21). "믿음은 듣는 것에서 생겨난다"(로마서 10:17). 무엇을 보고 듣는지에 따라 우리 마음에 영향을 주기 때문입니다. 하나님 말씀을 읽고 들으면 우리 마음이 성전이 되지만, 스마트폰과 온라인 게임만 보고 들으면 우상을 만드는 공장이 됩니다.

마음이 우상으로 가득 차 있다면, 내가 보고 듣는 것을 점검해야 합니다. 나 혼자는 힘듭니다. 믿음의 선배들에게 손을 내밀어야 합니다. 부모님, 목사님과 전도사님, 선생님들과 선배들, 친구들에게 도움을 요청해야 합니다. 하나님의 말씀을 보고 들을 수 있도록 말입니다.

Q. 나의 우상(내가 하나님보다 더 사랑하는)은 무엇인가요?

_____

_____

_____

_____

기도 하나님을 가장 사랑하게 해주세요. 보고 듣는 것이 하나님께 고정되게 해주세요.

장 칼뱅(Jean Calvin, 1509-1564). 프랑스의 종교개혁자. 가톨릭 집안에서 자라며 신학과 법학을 공부하던 어느 날 갑작스러운 회심을 경험하면서 개신교인(프로테스탄트)이 되었다. 프로테스탄티즘에 대해 변호하고 그 신앙을 가르치기 위해 《기독교 강요》를 썼다.

34. 불평하는 마음이 생길 때

어떤 처지에 있든 감사하는 마음을 잊지 마십시오.
이것은 하나님께서 그리스도 예수를 믿는 여러분에게
바라시는 뜻입니다.

데살로니가전서 5:18(현대어성경)

인생에서 중요한 것은 당신이 인생을 당연한 것으로 여기느냐,
아니면 감사하게 받아들이느냐 하는 것이다.

G. K. 체스터턴

이스라엘 백성에게 기적이 일어났습니다. 다른 민족에 비해 볼품없던 이스라엘을 하나님이 선택하시고, 이집트 노예생활에서 탈출시켜 주셨습니다. 이집트 병사들에게 쫓길 때는 앞을 가로막고 있는 홍해를 가르시고 건너가게 하셨지요. 그리고 비옥한 땅으로 인도해 주셨습니다. 목숨을 건져 주시고 앞으로 생활할 집까지 마련해 주신 셈입니다.

이스라엘 백성은 아무나 누릴 수 없는 특혜를 받았습니다. 그러나 목마르고, 배고픈 상황이 되자 그들은 불평합니다.

"우리를 굶겨 죽이려고 작정하셨습니까?"

하나님을 향한 감사는 온데간데없고 불평과 분노를 쏟아 냅니다.

우리 삶은 하나님이 주신 선물로 가득합니다. 그중에서 제일은 '구원'이라는 선물입니다. 예수님의 십자가 희생으로 '지옥백성'에서 '천국백성'으로, '저주'에서 '축복'으로, '죄인'에서 '의인'으로 바꿔 주셨습니다. 우리는 세상에서 받을 수 없는 특별한 사랑을 받았습니다. 이 선물들을 당연하게 여긴다면 어느새 우리 삶은 불평으로 채워질 것입니다. 감사한 마음을 간직한다면 어떤 처지에서도 하나님을 향한 믿음을 유지할 수 있습니다. 하나님의 뜻은 우리가 모든 것을 당연하게 여기지 않고 모든 것에 감사하는 것입니다.

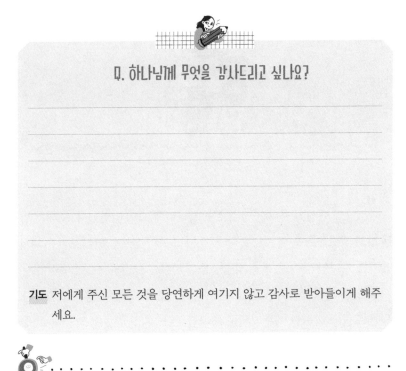

Q. 하나님께 무엇을 감사드리고 싶나요?

기도 저에게 주신 모든 것을 당연하게 여기지 않고 감사로 받아들이게 해주세요.

G. K. 체스터턴(Gilbert Keith Chesterton, 1874-1936). 철학, 시, 전기, 판타지, 탐정소설, 문학비평 등 다양한 분야의 책을 100권 넘게 썼다. '역설의 거장'이라 불린다.

35. 내 입이 부정적인 말로 가득할 때

너희 말이 내 귀에 들린 대로 내가 너희에게 행하리니

민수기 14:28

말에는 힘이 있다. 그가 한 말이 그를 이끌어 간다.

박노해

이스라엘 백성이 가나안 땅으로 들어가기 직전의 일입니다. 모세는 열두 명의 정탐꾼을 먼저 보냈습니다. 들어갈 곳의 정보를 알아보기 위해서였지요. 가나안 땅을 보고 온 정탐꾼들의 리뷰는 극명하게 갈렸습니다.

열 명은 악평했습니다. "그곳은 무시무시한 거인들이 살고 있습니다. 우린 그들에 비하면 메뚜기처럼 초라합니다." 백성들은 이 말을 듣고 울부짖으며 말합니다. "우린 모두 죽게 되었구나!" 다른 두 명, 여호수아와 갈렙만이 믿음으로 말합니다. "그들은 우리의 밥입니다. 우리에게는 (그들에게 없는) 하나님이 계시지 않습니까?" 이 모든 말을 들으신 하나님께서 말씀하십니다. "너희 말이 내 귀에 들린 대로 내가 너희에게 행하겠다."

우리 입술에 부정적인 말이 가득할 때가 있습니다. 안 될 것 같다, 힘들 것 같다는 말이 붙어 있습니다. 어떤 사람은 습관적으로 부정적인 말을 내뱉습니다. 아침에 일어나면 "아~ 죽겠다", 교실에 들어서면 "아~ 피곤하다", 방에 들어가면 "아~ 짜증난다"는 말이 배어 있습니다.

우리가 내뱉은 말에는 힘이 있습니다. 그 말이 우리를 이끌어 가기 때문입니다. 하나님은 우리의 말을 듣고 계십니다. 하나님의 자녀인 우리에게 언어 습관은 아주 중요합니다. 우리가 말하는 모든 것이 하나님께 올려 드리는 기도가 되기 때문입니다.

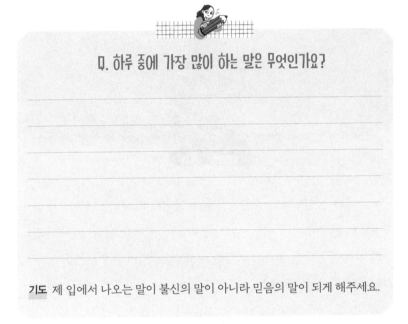

Q. 하루 중에 가장 많이 하는 말은 무엇인가요?

_____

_____

_____

_____

_____

_____

기도 제 입에서 나오는 말이 불신의 말이 아니라 믿음의 말이 되게 해주세요.

박노해(朴勞解, 1957-). 시인, 노동운동가, 사진작가. 스물일곱 살에 펴낸 첫 시집 《노동의 새벽》이 100만 부 넘게 판매되었으며, 《그러니 그대 사라지지 말아라》 외에 여러 시집이 있다.

36. 감사를 알고 싶을 때

내가 여호와를 기뻐할 것이고
내 구원이 되시는 하나님을 즐거워할 것입니다.

하박국 3:18 (우리말성경)

감사하는 것, 그것은 벽에다 던지는 공처럼
언제나 자기 자신에게로 돌아온다.

이어령

교회에서 소그룹을 맡아 가르칠 때의 일입니다. 아이들과 처음으로 공과공부를 진행하는 날이라 분위기도 띄울 겸 한마디 했습니다. "다음 주일에 만나면 중국집에 가서 짜장면 사줄게!" 생각만큼 분위기는 업 되지 않았습니다. 그리고 약속한 주일이 되었습니다. 아이들이 한두 명씩 예배실로 들어오는데 그 순간 '아차!' 싶었습니다. 지갑을 집에 두고 나온 것입니다. 사정을 말하고 다음 주로 약속을 미뤄야겠다고 마음먹었습니다.

그때 한 학생이 조용히 다가와서 쪽지를 내밀었습니다. 그 안에는 이렇게 적혀 있었습니다. "우리에게 짜장면 사주신다고 하셔서 감사합니다."

제 눈에는 "사주신다고 하셔서"라는 글자만 보였습니다. 아직 이뤄지지 않은 일에도 감사하는 마음에 엄청난 감동이 몰려왔습니다. 결국 다른 선생님의 카드를 빌려 식당으로 가서 외쳤습니다. "아주머니! 우리 짜장면 한 그릇씩 하고요, 탕수육도 대짜로 주세요!"

감사는 좋은 일이 생겼을 때 하게 됩니다. 그런데 진정한 감사는 '모든 일'에 감사하는 것입니다. 좋은 일이 생겨도, 심지어 안 좋은 일이 생겨도 말입니다. 하박국 선지자는 자신이 기대한 것과 반대로 흘러가는 최악의 상황에서도 기뻐합니다. 하나님이 좋은 길로 인도하실 것을 믿었기 때문입니다. 모든 일에 하는 감사는 결국 우리에게 돌아올 것입니다.

Q. 어떨 때 감사하나요?
나만의 5가지 감사 리스트를 작성해 봅시다.

_____

_____

_____

_____

기도 어떤 상황에서도 하나님이 계심에 감사하고, 하나님의 인도하심에 기뻐하게 해주세요.

이어령(李御寧, 1933-2022). '우리 시대 최고의 지성'으로 일컬어지며, 무신론자였다가 기독교 신앙인이 되었다. 그의 책 《지성에서 영성으로》에는 한 무신론자가 하나님 앞에 나아가기까지의 고백이 담겨 있다.

37. 불안함이 나를 흔들어 놓을 때

주의 법을 사랑하는 자에게는 큰 평안이 있으니
그들에게 장애물이 없으리이다.

시편 119:165

그리스도를 자신의 '모든 것'으로 삼는 법을 배우라.
그 사람은 복되다.

J. C. 라일

    불안증으로 괴로워하던 한 학생이 있었습니다. 일상을 보내다가 불안이라는 버튼이 눌려지면 정상적인 생활이 어려울 정도로 공포감에 시달렸습니다. 이 학생을 위해 교회 선생님들과 친구들이 모였습니다. 불안증이 사라지도록 기도했습니다.

    기도회는 한 번으로 그치지 않고 매달 규칙적으로 지속되었습니다. 기도를 시작한 지 여러 달이 지났지만 불안증은 사라지지 않았습니다. 그래도 실망하지 않고 하나님의 도우심을 구했습니다. 시간이 지나고 이 학생이 모두에게 고백했습니다. 그간 불안증은 사라지지 않았지만 중요한 사실을 발견했다고 말입니다. 바로 '예수님이 나의 인생의 주인이심을 믿게 되었다'는 고백이었습니다. 이어지는 말이 모두를 감동시켰습니다. "그래서 불안증은 더 이상 제게 문제가 되지 않습니다."

시편 기자는 "주의 법을 사랑하는 자에게는 장애물이 없다"라고 고백합니다. 실제로 장애물이 없는 것이 아닙니다. 걸려 넘어지게 하고 불안하게 하고 무너지게 하는 장애물이 많습니다. 하지만 하나님 말씀 안에 있을 때 그 어떤 장애물도 우리를 넘어뜨릴 수 없습니다. 하나님이 그 장애물도 능히 건너가게 하시기 때문입니다.

불안이 우리를 괴롭힐 때면 '내 인생의 주인은 누구인가'를 물어야 합니다. 예수님을 우리의 주인으로 모시면 '기도 많이, 불안 조금'을 낳습니다. 주인 되신 예수님은 모든 불안과 문제를 뛰어넘는 평안을 주실 것입니다.

Q. '예수님이 내 인생의 주인이십니다'라는 고백을 해본 적이 있나요?

_____

_____

_____

기도 밑도 끝도 없이 불안할 때 예수님이 나의 주인이심을 잊지 않게 해주세요.

J. C. 라일(John Charles Ryle, 1816-1900). 청교도 개혁주의자. 하나님의 진리를 정확하게 전하기 위해 애썼던 것으로 유명하다. 《구원의 확신》, 《거룩》이라는 책을 썼다.

38. 내 계획대로 안 될 때

우리는 하나님을 사랑하는 우리 삶 속에 일어나는 모든 일이,
결국에는 선한 것을 이루는 데 쓰인다는 확신을
갖고 살 수 있습니다.

로마서 8:28(메시지성경)

우리는 미래에 어떤 일이 있을지 알지 못한다.
하지만 누가 미래를 붙잡고 계신지는 안다.

윌리 J. 레이

우리 삶이 내 계획대로 안 될 때가 있습니다. 인간관계는 꼬이고, 중요한 일이 있는데 갑자기 아프고, 생각지 못한 실수 때문에 일이 실패로 돌아가기도 합니다. 이런 일들을 자주 겪다 보면 '왜 슬픈 예감은 항상 틀리지 않는지' 하는 생각으로 힘이 빠지기도 합니다.

우리 삶에 삭제 기능이 있다면 지워 버리고 싶은 장면들이 있습니다. 많은 경우에 내 뜻대로 되지 않았던 일들입니다. 꼬이고, 망치고, 실패한 일들. 그런데 하나님 나라에는 쓰레기통이 없습니다. 삭제 버튼을 누르고 싶은 일들이라도 하나님은 결국 선한 일로 바꾸십니다.

요셉은 17세에 이집트에 종으로 팔려갔습니다. 노예로 있는 동안 억울한 누명을 쓰고 감옥에 갇혔습니다. 마음대로 된 것이 하나도 없었습니다. 하지만 요셉이 노예로 있는 동안은 이집트 언어와 문화를 익히는 시간이었습니다. 감옥에 있는 동안은 자연스럽게 많은 정치인들을 만나는 시간이었습니다. 하나님은 요셉이 이집트의 총리가 될 때 지난 시간들을 선하게 사용하셨습니다. 우리의 삶 역시 결코 버릴 것이 없습니다. 우리의 미래를 붙들고 계시는 분은 사랑의 하나님이시기 때문입니다.

**Q. 예전에는 아픈 기억이었지만
지금은 좋은 추억으로 남아 있는 일이 있나요?**

기도 내 계획대로 안 될 때 실망하지 않고 하나님의 인도하심을 믿게 해주세요.

윌리 J. 레이(Willie J. Ray, 1896-1992). 침례교 목사. 믿음에 관한 글을 많이 썼다.

39. 나 자신이 용서가 안 될 때

그는 상한 갈대를 꺾지 않고,
꺼져 가는 심지를 끄지 않을 것이다.

마태복음 12:20(새번역성경)

자기 연민은 자기 교만이다.

존 파이퍼

중학생 때 단짝이 있었습니다. 쾌활한 친구였지만 몸이 선천적으로 약했습니다. 호흡에 어려움을 겪는 천식을 앓고 있었지요. 소풍이나 수학여행처럼 장시간 야외활동을 할 때는 혹시 모를 응급 상황에 대비해 누군가가 곁을 지켜야 했습니다. 그 역할은 주로 제가 맡았습니다.

하루는 그 친구와 말다툼을 했습니다. 사소한 이유로 시작된 다툼이 커져 저도 모르게 욕설을 내뱉었습니다. 그 말에 친구가 말했습니다. "너한테 실망이다." 며칠이 지나고 먼저 사과하고 싶었지만 용기가 나지 않았습니다. 그리고 끝내 마음을 전달할 수 없었지요. 그 친구가 사고를 당해 갑작스럽게 세상을 떠났기 때문입니다. 한동안 충격에서 헤어날 수 없었습니다. "너한테 실망이다"라는 말이 오랫동안 저를 괴롭혔습니다.

우리는 자신에게 실망합니다. 실수로 누군가의 마음에 상처를 줍니다. 하나님 앞에서 부끄러운 말과 행동을 하기도 합니다. 그러면 스스로에게 말합니다. '나를 용서할 수 없다.' '나는 하나님 사랑을 받을 자격이 없다.' 그런데 하나님께 회개하지 않고 자책에만 빠지는 것은 교만한 일입니다. 하나님이 우리를 그렇게 대하지 않으시기 때문입니다. 하나님은 상한 갈대를 꺾지 않으시고 꺼져 가는 등불의 심지를 끄지 않으십니다. 우리의 연약함을 비난하지 않으십니다. 하나님은 우리를 용서하시기 위해 십자가에 아들을 내어 주는 대가를 치르셨습니다. 하나님의 용서로 자신을 대하는 것, 그것이 가장 겸손한 선택입니다.

Q. 나 자신에게 화가 난 적이 있나요? 주로 어느 때 나에게 화가 나나요?

_____

_____

_____

_____

기도 나에게 화가 나는 상황에서도 자책하기보다 용서하시는 하나님께 제 마음을 고백하게 해주세요.

 • • • • • • • • • • • • • • • • • • •

존 파이퍼(John Piper, 1946-). 신학자이자 목사. '미국에서 가장 영향력 있는 그리스도인' 가운데 한 사람으로 꼽히며 많은 책을 썼다.

4ㅁ. 왜 살아야 하는지 모를 때

이스라엘아, 너를 지으신 이가 말씀하시느니라.
"너는 두려워하지 말라. 내가 너를 구속하였고
내가 너를 지명하여 불렀나니 너는 내 것이라."

이사야 43:1

하나님의 선물은 이런 것이다.
당신은 존재하지 않을 수도 있었지만 존재하고 있다.
왜냐하면 당신의 삶은 당신이 꼭 있어야만
완성되는 잔치이기 때문이다.

프레드릭 비크너

학생들 사이에서 괴짜로 불리던 선생님이 있었습니다. '미스터 소크라
테스'라는 별명답게 늘 심각하고 진지한 표정으로 교정을 누비셨지요. 한
번은 수업시간이 막 시작됐을 때 칠판에다 질문을 하나 쓰고는 곧바로 나
가셨습니다.

"나는 왜 사는가?"

한 친구가 조용히 일어나 앞으로 가서 칠판에 댓글을 적었습니다.

"죽지 못해 산다."

꽤 오래전 일이지만 그때의 장면이 아직도 생생합니다. 교실에 있던 대

부분의 친구들이 격하게 공감했기 때문입니다.

"왜 살아야 하는가?"라는 질문에 많은 청소년들이 "죽지 못해 산다", "편하게 살고 싶다"라는 답을 합니다. 그래서일까요? 많은 청소년들이 '돈 많은 백수'나 '건물주'를 꿈꿉니다. 어떤 친구는 이렇게 말했습니다. "왜 직업을 가지려 애써야 하나요? 부모님 재산을 물려받으면 되는데…."

그리스도인은 '**왜(Why)** 살아야 하는가?'라는 물음에 '**누구로(Who)** 살아야 하는가?'라는 답을 합니다. **Why**를 **Who**로 답하지요. 우리는 '하나님의 것'입니다. 하나님이 우리를 만드셨고, 이 세상에 보내셨기 때문입니다. 우리는 하나님을 기쁘시게 해드리고 하나님을 즐거워하기 위해 살아갑니다.

Q. "너는 왜 살아?"라고 묻는다면 뭐라고 답할 건가요?

기도 저는 하나님의 것입니다. 하나님을 기쁘시게 하고 즐거워하는 삶을 살게 해주세요.

프레드릭 비크너(Frederick Buechner, 1926-2022). 작가이자 목사, 신학자. 소설, 자서전, 수필, 설교 등 다양한 분야를 아우르며 글을 썼다. 1981년 〈고드릭〉으로 풀리처상 최종 후보에 오르기도 했다.

Part 3.

관계

네. 누군가에게 뒷담 까였을 때

유월절 전에 예수께서 자기가 세상을 떠나
아버지께로 돌아가실 때가 이른 줄 아시고
세상에 있는 자기 사람들을 사랑하시되 끝까지 사랑하시니라.

요한복음 13:1

실망하고 싶다면 다른 사람들을 보라.
낙담하고 싶다면 자신을 보라.
격려받고 싶다면 예수 그리스도를 보라.

에리히 자우어

믿었던 누군가에게서 배신을 당한 적이 있나요? 친구가 나를 험담하고, 가까운 사람이 하루아침에 변하여 차갑게 대하거나 떠나간 경험이 있나요? 믿었던 사람이 돌변하는 모습을 보는 것은 생각보다 힘든 일입니다. 온몸에서 힘이 빠져나가고 화가 납니다.

사람의 사랑은 '한때'일 수 있습니다. 어제 나를 좋아했던 사람이 오늘도 좋아해 준다는 보장이 없습니다. 상대의 조건과 상황에 따라 끊임없이 변하고 식을 수 있습니다. 사람은 완전하지 않기 때문입니다.

하지만 우리를 향한 예수님의 사랑은 클래스가 다릅니다. 조건과 상황에 따라 변하는 사랑이 아닌 영원한 사랑입니다. 예수님은 자신이 사람들에게 곧 잡혀서 희롱당한 뒤 끔찍한 십자가에서 죽을 것을 알고 계셨습니다. 제자들이 모두 배신하고 도망갈 것도 알고 계셨습니다. 고난은, 모르면 그럭저럭 견딜 수 있지만 훤히 알고 있다면 다가서기가 몇 배나 더 힘든 법입니다. 그런데도 예수님은 이 끔찍한 고난을 피하거나 배신자들을 버리지 않으셨습니다. '끝까지' 사랑하셨습니다.

누군가에게 배신을 당해 절망하고 있나요? '영원히 변함없이' 사랑하시는 주님이 나와 함께하신다는 것을 잊지 마세요!

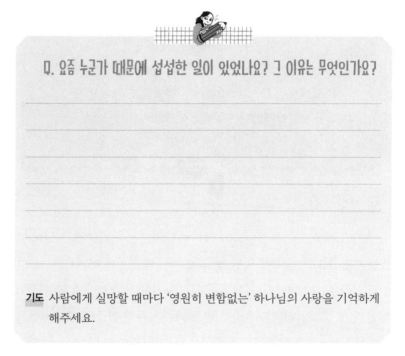

Q. 요즘 누군가 때문에 섭섭한 일이 있었나요? 그 이유는 무엇인가요?

기도 사람에게 실망할 때마다 '영원히 변함없는' 하나님의 사랑을 기억하게 해주세요.

에리히 자우어(Erich Sauer, 1898-1959). 독일 비데네스트 성경학교 교장. '국제복음주의학생연합'에 속해 성경을 가르치고 복음을 전하는 일에 헌신했다.

42. 사람들이 나를 싫어하는 것 같을 때

하나님이여, 내 마음이 확정되었고 내 마음이 확정되었사오니
내가 노래하고 내가 찬송하리이다.

시편 57:7

우리가 살면서 열 명의 사람을 만난다면,
한 명은 너를 좋아할 것이고,
두 명은 너를 싫어할 것이고, 일곱 명은 네게 무관심할 것이다.
너를 싫어하는 두 명은 네가 어떤 일을 해도 싫어할 거야.
그런 사람에게까지 사랑받으려고 노력할 필요 없어.

웹툰 《여중생A》에서

"내가 노래하고 내가 찬송하리이다." 다윗에게 무슨 기분 좋은 일이 있
었던 것일까요? 누군가에게 인정이라도 받았던 것일까요? 아닙니다. 다
윗의 상황은 정반대였습니다. 이 시편은 다윗이 사울 왕에게 쫓겨 숨어
지낼 때 한 고백입니다. 다윗은 사울 왕에게 아무런 잘못도 하지 않았고
도리어 진심으로 도와주었는데, 돌아온 것은 질투에 눈이 먼 사울의 지독
한 미움이었습니다. 다윗은 이 상황이 억울했지만 하나님께 (의지적으로)
마음을 두었습니다. 그리고 찬송했습니다.

우리의 교실은 정글 같습니다. 사랑과 미움, 우정과 질투, 대화와 뒷담

이 뒤엉킨 어지러운 세계입니다. 이 정글에는 법칙이 없습니다. 어제의 베프가 오늘 손절되기도 하고, 오늘 손절한 친구가 내일의 베프가 되기도 합니다. 몇 평 되지도 않는 교실에서 누군가의 미움이나 오해를 받지 않기란 무척 어렵습니다. '누군가 나를 싫어한다는 기분'만큼 견디기 힘든 일이 없습니다. 하지만 우리는 인정해야 합니다. 모든 친구가 다 나를 좋아할 수는 없습니다! 어디에나 나를 싫어하는 사람이 있기 마련입니다.

누군가 나를 싫어하는 것 같고 억울함이 찾아온다면, 다윗처럼 하나님께 (의지적으로) 마음을 두어야 할 때입니다. 그것이 승리의 법칙입니다!

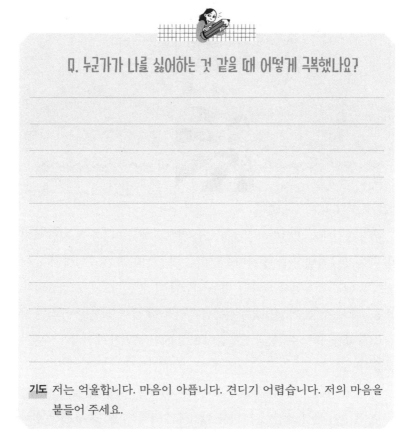

Q. 누군가가 나를 싫어하는 것 같을 때 어떻게 극복했나요?

기도 저는 억울합니다. 마음이 아픕니다. 견디기 어렵습니다. 저의 마음을 붙들어 주세요.

43. 사람들의 시선이 두려울 때

사람의 평가를 두려워하면 옴짝달싹 못 하게 되지만
하나님을 신뢰하면 그 길에서 벗어날 수 있다.

잠언 29:25(메시지성경)

나는 성공을 위한 공식을 알려 줄 순 없지만,
실패에 대한 공식은 알려 줄 수 있다.
그것은 모든 이들을 기쁘게 하려고 노력하는 것이다.

허버트 스워프

우리는 십대가 되기까지 많은 이들을 기쁘게 해왔습니다. 돌 지난 아기일 때는 방긋하면 다들 '천사미소'라며 손뼉을 치며 크게 웃었습니다. 어린이일 때는 배꼽인사를 하면 '너무 귀엽다'며 모두 미소를 지었습니다. 초등학교에 갓 입학했을 때는 선생님의 말을 잘 들어 '착한 아이'라는 칭찬을 들었습니다. 가족들과 친척들이 모일 때면 분위기 메이커가 되어야 했습니다.

어느새 우리는 평가받는 일에 익숙해져 버렸습니다. 사람들의 사소한 말투, 표정이 신경 쓰입니다. '나를 싫어하면 어떡하지?', '좋지 않은 인상을 남겨 나를 좋아하지 않으면 어떡하지?' 하는 생각이 옴짝달싹 못 하게 만듭니다. 거절도 못 하고 싫은 티도 못 내게 됩니다.

사람들의 평가를 두려워하면 자유를 잃게 됩니다. 반응의 노예가 되기 때문입니다. 칭찬을 들으면 기분이 한순간에 업되다가도 쓴소리를 들으면 한없이 다운됩니다.

그런데 하나님을 신뢰하면 그 길에서 벗어날 수 있습니다. 하나님은 우리를 평가하시는 분이 아니기 때문입니다. 무조건적으로 사랑해 주시는 분입니다. 모든 이들에게 좋은 평가를 받으려는 노력은 실패하겠지만, 하나님의 사랑을 신뢰하는 일은 무조건 성공으로 이끕니다.

Q. 좋은 평가를 받으려는 노력이 실패로 돌아간 적이 있나요?
그때 마음이 어땠나요?

기도 사람들의 시선을 두려워하지 않고 하나님의 사랑을 신뢰하고 싶습니다.

허버트 스워프(Herbert Bayard Swope, 1882-1958). 미국 저널리스트. 제1차 세계 대전 초기, 독일의 상황을 보도한 기사 시리즈로 퓰리처상 보도 부문의 첫 수상자가 되었다(1917년).

44. 휩쓸리는 것 같을 때

문화에 너무 잘 순응하여 아무 생각 없이
동화되어 버리는 일이 없도록 하십시오.
대신에, 여러분은 하나님께 시선을 고정하십시오.
그러면 속에서부터 변화가 일어날 것입니다.

로마서 12:2(메시지성경)

그 누구도 아닌 자기 걸음을 걸어라.
나는 독특하다는 것을 믿어라.
누구나 몰려가는 줄에 나 또한 설 필요는 없다.
자신만의 걸음으로 자기 길을 가거라.
바보 같은 사람들이 무어라 비웃든 간에….

영화 〈죽은 시인의 사회〉에서

아프리카에는 사슴을 닮은 스프링복(Springbok)이라는 야생 동물이 있습니다. 이 동물은 단체로 비극적인 최후를 맞이하는 것으로 유명하지요. 초원에서 한가롭게 풀을 뜯다가 느닷없이 단체로 뛰더니 벼랑에서 떨어집니다. 그 이유는 무엇일까요? 휩쓸리기 때문입니다.

먹을 풀이 많을 때는 상관없지만 부족할 때는 선두그룹이 되려고 경쟁을 합니다. 밀고 밀리는 상황에서 선두그룹이 뛰기 시작합니다. 그러면 뒤따르던 무리도 따라 뜁니다. 앞에서 뛰기 때문입니다. 뒤에서 뛰니 선두를 달리고 있던 그룹은 계속 뜁니다. 본래의 목적은 상실한 채 모두 뛰는 것에만 몰두합니다. 결국 벼랑이 나타나도 멈추지 못하고 단체로 최후를 맞이합니다.

우리가 매일 맞이하는 환경도 비슷합니다. 욕을 입에 달고 사는 친구들이 있습니다. 말끝마다 욕을 하기도 하고, 심하면 욕 끝에 말을 합니다. 나도 모르는 사이에 욕 문화에 휩쓸리기 쉽습니다.

서로 편을 가르고 상대편을 험담하고 혐오하는 친구들이 있습니다. 없는 사실을 만들어 소문을 퍼트리기도 하고 따돌림을 주도하기도 합니다. 나도 모르게 끼리끼리 문화에 휩쓸립니다.

그 결과는 어떨까요? 나 자신이 아닌 다른 사람으로 살게 합니다. 하나님의 말씀을 따라 살 때 우리는 휩쓸리지 않을 수 있습니다. '진정한 나 자신'으로 살게 됩니다.

Q. 다른 친구들에게 휩쓸려서 하는 행동에는 무엇이 있을까요?

기도 사람들에게 휩쓸려 다니는 삶이 아니라 하나님의 말씀을 따르는 삶을 살게 해주세요.

45. 하는 일이 하찮게 느껴질 때

무슨 일을 하든지 마음을 다하여 주께 하듯 하고
사람에게 하듯 하지 말라.

골로새서 3:23

하나님께서 당신이 지금 있는 곳에서
당신을 촛불로 사용하실 수 없다면,
다른 곳에서 당신을 등대로 쓰시리라고는 기대하지 말라.

리처드 백스터

우리에게는 다양한 역할이 있습니다. 집에서는 자녀로서 심부름이나 설거지 같은 집안일을 돕는 역할을 합니다. 학교에서는 학생으로서 공부하는 역할을 합니다. 교회에서는 예배자로서 예배를 드리고 크고 작은 역할을 맡아서 섬깁니다. 그런데 사람들은 각자의 역할을 비중에 따라 판단하곤 합니다. 공부를 잘하고 전교 회장을 하고 사람들 앞에서 찬양 인도를 하면 중요한 사람, 그 외에는 덜 중요한 사람으로 생각합니다. 세상과 교회를 나눠서 세상에서의 역할은 덜 중요하고, 교회에서의 역할은 더 중요하다고 여기기도 합니다(혹은 그 반대의 경우도 있습니다).

하나님은 우리가 어디에서 어떤 역할을 하는지에 큰 관심이 없으십니다. 화려한 스포트라이트를 받는 일이든 아니든, 학교의 일이든 교회의 일이든 하나님 앞에서는 큰 차이가 없기 때문입니다. 하나님의 관심은 주어진 자리에서 드리는 '충성'에 있습니다.

신약성경이 쓰인 시대에는 노예가 존재했습니다. 노예는 가장 하찮은 일을 감당했습니다. 사도 바울은 그런 노예들에게 선포합니다. "무슨 일을 하든지 마음을 다하여 주께 하듯 하고 사람에게 하듯 하지 마십시오."

하찮아 보이는 일이어도 하나님께 드리는 일은 향기로운 찬송이 됩니다. 주어진 역할을 서로 비교하기보다 하나님께 드리는 충성의 일이 되게 하면 어떨까요?

Q. 내가 하는 일이 하찮게 느껴지는 때가 있나요?
   그 이유가 무엇인가요?

_____

_____

_____

기도 저에게 주어진 일이 적거나 많다고 해서 불평하기보다 주님께 드리듯
이 하게 해주세요.

리처드 백스터(Richard Baxter, 1615-1691). 청교도(16세기 후반 영국 국교회에 반항하여 생긴 교파) 지도자, 시인, 신학자. 열네 살에 회심했으며, 영국 키더민스터에서 13년 동안 사역하면서 많은 사람을 주님께로 인도했다.

46. 부모님의 짐이 무거울 때

수고하고 무거운 짐 진 자들아, 다 내게로 오라.
내가 너희를 쉬게 하리라.

마태복음 11:28

우리는 하나님께 더 많이 의지할수록
그분이 더욱 의지할 만한 분임을 발견한다.

클리프 리처드

부모님께 부담을 느낄 때가 있습니다. "나는 너 하나만 보고 살아", "나는 너 때문에 살아"라는 말을 들으면 부담감이 확 밀려옵니다. 내 삶을 구속하는 갑갑함과 함께 '실망을 끼치면 어떡하지?' 하는 걱정도 생깁니다.

부모님이 걱정될 때도 있습니다. 부모님의 직장이나 사업이 잘 안 되는 것처럼 보일 때, 집안의 경제 상황이 갑자기 나빠질 때, 부모님의 건강이 안 좋다는 소리를 들었을 때 걱정이 됩니다.

부모님은 말씀하십니다. "부담 갖지 말고 공부나 열심히 해라." "나 걱정하지 말고 공부나 열심히 해라." "쓸데없는 생각 하지 말고 공부나 열심히 해라." 그러나 공부보다 부담감과 걱정이 앞섭니다. 우리도 부모님을 진심으로 생각하고 있기 때문입니다.

그런데 분명한 사실은 부모님의 말씀을 곧이곧대로 들어야 한다는 것입니다. 부모님의 짐에 부담감을 느끼고 걱정하는 것은 십대인 우리에게는 쓸데없는 생각입니다. 내 힘으로 해결할 수 없기 때문입니다. 예수님은 말씀하십니다. "수고하고 무거운 짐 진 자들아, 다 내게로 오라." 우리 짐을 대신 지어 주실 예수님께 나아가서 근심걱정의 보따리를 풀어 놓으십시오. 마음에 평안이 찾아올 것입니다.

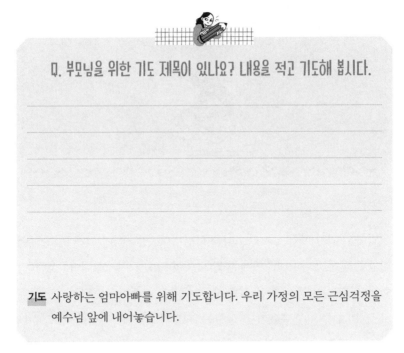

Q. 부모님을 위한 기도 제목이 있나요? 내용을 적고 기도해 봅시다.

기도 사랑하는 엄마아빠를 위해 기도합니다. 우리 가정의 모든 근심걱정을 예수님 앞에 내어놓습니다.

클리프 리처드(Cliff Richard, 1940-). 영국의 대중음악가. 세계적인 가수로서 수많은 히트곡을 남겼다. 유혹 많은 연예계 생활을 하면서도 크리스천으로서의 삶을 성실하게 감당했다는 평가를 받고 있다.

47. 부모님이 미울 때

자녀들이여, 주 안에서 부모에게 순종하십시오.
이것이 옳은 일입니다.

에베소서 6:1 (우리말성경)

한 사람에게 완전하기를 구하지 마라.

공자, 《논어》에서

　엄마는 귀가 따갑도록 잔소리를 하십니다. "방구석이 이게 뭐니?" "어디를 그렇게 쏘다니니?" 아빠는 밥 먹듯이 약속을 어기십니다. "쏘리, 깜빡했다." "다음번엔 더 좋은 걸로 사줄게." 부모님께 비교를 당하기도 합니다. "엄마 친구 아들(혹은 딸)은 잘하는데 넌 왜 그러니?" "누나는 안 그런데 너는 왜 이 모양이니?" 부모님에게 이런 말을 들으면 서운하고 미운 감정이 올라오고, 반항하거나 가출하고 싶은 마음도 생깁니다.

　'엄마아빠는 나를 사랑하지 않는 것 같아!' 우리가 쉽게 내리는 답입니다. 하지만 이 답은 대부분 오답입니다. 자녀를 사랑하지 않는 부모님은 없기 때문입니다. 다만 부모님도 인간이기에 완전하지 않습니다. 우리의 모든 속사정을 알 수 없어서 오해를 하기도 합니다. 표현이 거칠고 감정적일 수 있습니다. 우리가 느끼기에는 부모님이 잔소리하고 간섭하는 맛으로 사시는 것 같지만 진심은 사랑하는 마음입니다. '더 나은 사람이 되었으면' 하는 마음!

성경은 "부모에게 순종하라"고 말씀합니다. 부모님이 완전해서가 아니라 하나님이 정해 주셨기 때문에 순종하라는 것입니다. 우리는 부모님께 순종하기를 힘써야 합니다. 부모님 뒤에 계시는 하나님을 바라보면서 말입니다.

Q. 부모님께 한 말이나 반항 중에 가장 후회되는 일은 무엇인가요?

_____

_____

_____

_____

_____

기도 엄마아빠가 미워지고 싫어질 때 반항하지 않고 순종할 수 있는 마음을 주세요.

공자(孔子, 551 BC–479 BC). 중국 춘추전국시대의 사상가. 전국을 다니며 인(仁)을 정치와 윤리의 이상으로 하는 도덕주의를 가르쳤다. 후대에 제자들이 공자의 말을 엮어서 《논어》라는 책을 펴냈다.

48. 나만 빼고 다 반짝거리는 것 같을 때

지혜롭게 산 사람들은 총총한 밤하늘의 별처럼
밝게 빛날 것이다.
사람들을 바른길로 인도하여 살린 사람들은
별처럼 영원히 빛날 것이다.

다니엘 12:3 (메시지성경)

세상은 그 사람이 가진 것이 무엇인지 묻는다.
그리스도께서는 물으신다.
"너는 그것을 어떻게 사용하느냐?"

앤드류 머레이

주위를 보면 반짝이는 친구들이 많습니다. 이목구비도 또렷하고 키도 훤칠하고 운동신경도 뛰어난데 성격까지 좋습니다. 이들에 비해 나는 이목구비는 흐릿하고 키는 아쉽고 운동신경은 꽝인 데다가 성격까지 소심합니다. 하나님께서 친구들은 맨정신에 빚으시고 나는 졸면서 빚으신 게 아닌가 하는 의심도 가끔 합니다. SNS를 보면 '화려하고, 예쁘고, 멋있는' 사람이 넘쳐납니다. 팔로워와 구독자 수도 아주 많고, 올리는 게시물마다 반응이 뜨겁습니다. 반면에 나의 존재감은 미미할 뿐입니다.

세상 모든 사람이 반짝거리는 것처럼 보입니다. 나만 빼고 말입니다.

세상은 그 사람이 가진 것을 보며 반짝인다고 말합니다. 그러나 성경은 그 사람이 섬기는 모습을 보고 반짝인다고 말씀합니다. 예수님은 하나님과 동일한 지위를 가지셨지만, 종의 모습으로 이 땅에 오셨습니다. 특권을 버리고 낮아지셔서 십자가에서 죽으시고 부활하셨습니다. 하나님은 이 예수님의 이름을 가장 빛나게 하셨습니다.

우리 삶의 진정한 가치는 '얼마나 가졌는가'가 아니라 '얼마나 섬기는가'에 있습니다. 우리는 늘 자신에게 물어야 합니다. "나는 무엇을 더 가져야 하는가?" 대신에 "내게 주신 것으로 어떻게 섬길 것인가?"를 말입니다.

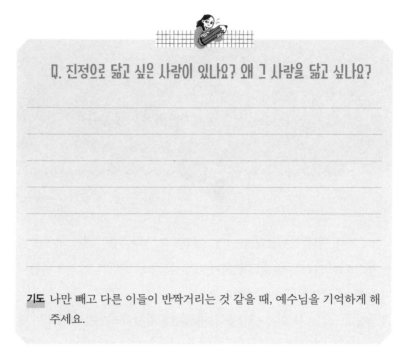

Q. 진정으로 닮고 싶은 사람이 있나요? 왜 그 사람을 닮고 싶나요?

기도 나만 빼고 다른 이들이 반짝거리는 것 같을 때, 예수님을 기억하게 해 주세요.

앤드류 머레이(Andrew Murray, 1828-1917). 남아프리카에서 목회자로 사역했으며, 기도와 성령의 사람으로 알려져 있다. 그리스도인의 경건생활과 기도에 관한 글을 많이 남겼다.

49. 누군가의 말에 상처를 받을 때

내 영혼아, 네가 어찌하여 낙심하며
어찌하여 내 속에서 불안해하는가?
너는 하나님께 소망을 두라.
그가 나타나 도우심으로 말미암아
내가 여전히 찬송하리로다.

시편 42:5

상처를 받을 것인지 말 것인지는 내가 결정한다.
또 상처를 키울 것인지 말 것인지도 내가 결정한다.
그 사람의 행동은 어쩔 수 없지만 반응은 내 몫이다.

백범 김구

누군가의 말에 상처를 받습니다. "네까짓 게 뭘 알아?" "네가 제대로 하는 게 뭐야?" 이런 말을 들으면 화가 나면서도 스스로에게 이렇게 말합니다. "나는 쓸모없어." "난 잘하는 게 없어."

성경에도 상처를 주는 사람들이 나옵니다. 시편의 시인을 괴롭히며 빈정댑니다. "네 하나님이 어디 있느냐?" 이 말에 시인은 낙심하고 불안해했습니다. 하지만 자신에게 "나는 쓸모없어"라고 말하지 않았습니다. "내 영혼아, 어찌하여 낙심하느냐? 너는 하나님께 소망을 두라!" 하고 외쳤습니다. 누군가가 던진 말에 상처를 받기보다 하나님을 바라봄으로 거절한 것입니다. 말로 던지는 상처는 내 의지에 따라 받을 수도 있고 안 받을 수도 있습니다. 마치 수신자 부담 전화와 같습니다. 누군가에게 전화가 와서 받으면 안내 음성이 나옵니다. 잠시 상대방의 목소리를 듣고 통화할지 말지 결정해 달라는 멘트입니다. 이처럼 누군가의 말을 상처로 받을지 말지의 최종적인 결정자는 '나'입니다.

많은 경우에 누군가가 말로 던진 오물을 기어코 잡아서 귀중품처럼 주머니 속에 넣어 둡니다. 자주 꺼내서 주야로 묵상합니다. 그러는 동안 상처는 더 깊이 파이고 더욱 곪아 갑니다. 누군가가 말로 상처를 던질 때 안 받을 수 있는 비결은 하나님께 시선을 돌리는 것입니다. 그리고 이렇게 외치는 것입니다. "내 영혼아, 네가 어찌하여 낙심하느냐? 너는 하나님께 소망을 두라!"

Q. 말 때문에 상처를 받은 시기로 돌아간다면,
나에게 무슨 말을 해주고 싶나요?

기도 누군가가 던진 한마디에 상처가 깊이 파입니다. 그 말에 상처받지 않을 수 있는 지혜를 주시고 하나님의 평안을 구하게 해주세요.

김구(金九, 1876–1949). 호는 백범. 한국의 정치가, 독립운동가. 대한민국 임시정부를 조직하는 데 참여했고 대한민국 임시정부 주석에 선임되었다. 신민회, 한인애국단 등에서 활발하게 활동하였다.

50. 사람에게 실망했을 때

하나님은 사람이 아니시니 변덕스럽지 않으시고
사람의 아들이 아니시니 마음을 바꾸지 않으시니라.
그분은 말씀만 하시고 실행에 옮기지 않으시겠으며
약속만 하시고 이루지 않으시겠는가?

민수기 23:19 (우리말성경)

다른 사람들이 내가 원하는 대로
하지 않는다고 해서 노여워하지 마라.
왜냐하면 나도 내가 바라는 모습으로
자신을 만들 수 없기 때문이다.

토마스 아 켐피스

우리는 자주 사람에게 실망합니다. '나는 쟤한테 잘해 주었는데 쟤는
왜 저러지?', '나는 진짜 친구로 생각했는데 이제 보니 나만의 착각이었구
나' 하며 친구에게 실망합니다. 부모님에게는 어떨까요? '왜 내 마음을 몰
라 주시지', '왜 약속을 안 지키시지?' 하며 실망합니다. 형제간에도 실망
을 합니다. '왜 저렇게 제멋대로야', '자기만 생각하는군!' 가까운 관계일수
록 실망할 일이 많아집니다.

사람은 완벽하지 않습니다. '공사 중'인 것과 같습니다. 건물을 짓는 장
소에 가까이 있으면 불편한 일이 생깁니다. 소음이 들립니다. 희뿌연 먼

지가 날리고 매캐한 냄새가 나기도 합니다. 이처럼 누군가와 가까이 지내다 보면 어쩔 수 없이 실망을 주기도 하고 받기도 합니다. 공사 중인 것처럼 말입니다.

사람들이 내가 원하는 대로만 움직여 주는 것은 기적에 가까운 일입니다. 나 자신도 내가 원하는 대로 움직여지지 않을 때가 많습니다. 사람에게 실망했을 때 가장 큰 위로는 하나님을 생각하는 것입니다. 하나님은 언제나 믿을 수 있는 분입니다. 우리의 겉을 보고 섣불리 판단하지 않으십니다. 마음을 아십니다. 약속을 어기지 않으시며, 하신 말씀은 꼭 지키십니다. 하나님은 우리를 실망시키지 않으십니다.

Q. 최근에 누군가에게 실망한 적이 있나요?
그 실망감을 어떻게 해소하고 있나요?

_____

_____

_____

_____

기도 사람에게 실망하여 절망에 빠지지 않고 하나님을 신뢰하며 소망을 품게 해주세요.

토마스 아 켐피스(Thomas à Kempis, 1380-1471). 91세로 생을 마감할 때까지 그리스도를 본받는 삶을 실천하며 글을 쓰며 살았다. 그의 영적 고백이 담긴 《그리스도를 본받아》는 기독교 고전 중의 고전으로 불린다.

51. 가족 사이에 불화가 생겼을 때

사랑은 ··· 무례히 행하지 아니하며
자기의 유익을 구하지 아니하며
성내지 아니하며 악한 것을 생각하지 아니하며

고린도전서 13:4-5

성경은 가까운 사람뿐만 아니라
원수마저도 사랑하라고 말한다.
대개 그들이 동일한 사람들이기 때문일 것이다.

G. K. 체스터턴

가까운 관계에서 상처를 주고받아 감정의 골이 깊어져 불화를 경험할 때가 있습니다. 가족 사이에 특히 이런 불화가 많이 나타납니다. 수시로 다투고 싸우는 통에 집안 분위기는 얼음장같이 차가워지고 원수처럼 서로 으르렁대기도 합니다. 심한 경우에는 가족이 옆집 사람들보다 더 먼 관계가 되기도 합니다.

가족 사이에 불화가 생겼을 때 들리는 말들은 이렇습니다.

"네가 그렇지!" "나한테 해준 게 뭔데?" "그럴 줄 알았어." "네가 할 수 있는 게 뭐냐?" "신경 꺼!" "나 좀 가만히 내버려 둬!"

하나같이 무례하고 분노를 부르는 말들입니다.

세상에서 가장 가깝고 편한 사람들이라는 생각으로 이런 무례한 말들을 내뱉습니다. 하지만 이런 일들이 쌓이면 마음의 거리가 멀어지고 보이지 않는 담으로 가로막힙니다. 가깝고 편안한 관계일수록 사랑하기를 더욱 힘써야 합니다. 진정한 사랑은 무례하지 않고, 자기중심적이지 않고, 화내지 않고, 악한 것을 생각하지 않습니다. 하나님은 우리를 (가족 사이에서도) 사랑의 통로로 불러 주셨습니다.

Q. 가족 사이에 불화가 생겼을 때 내가 자주 하는 행동은 무엇인가요?

기도 가장 가까운 존재인 가족을 더욱 사랑하는 마음과 자세로 대할 수 있게 해주세요.

G. K. 체스터턴(Gilbert Keith Chesterton, 1874-1936). 철학, 시, 전기, 판타지, 탐정소설, 문학비평 등 다양한 분야의 책을 100권 넘게 썼다. '역설의 거장'이라 불린다.

52. 좋고 나쁜 것이 헷갈릴 때

자, 그러면 내가 그 이유를 말씀드리겠습니다.
여러분은 먹든지 마시든지 또 어떤 일을 하든지
모든 것을 하나님의 영광을 위해 해야 하기 때문입니다.

고린도전서 10:31 (현대어성경)

절대 타락하지 않는 유일한 방법이 있다.
언제나 하나님을 경외하는 것이다.

윌리엄 젠킨

'다른 사람들은 술도 마시고, 흡연도 하고, 야동도 보는데, 왜 크리스천은 하면 안 될까?' 이런 생각을 해본 적이 있을 것입니다. 어떤 사람이 이런 고민을 안고 목사님을 찾아가서 물었습니다. "왜 크리스천은 이런 것들을 하면 안 되나요?" 목사님이 답했습니다. "술에 취하고, 담배를 피우고, 야한 동영상을 봐도 좋습니다. 그것이 하나님께 영광이 된다면 말입니다."

십대들 중에는 미성년자 딱지를 떼는 날만을 기다리는 친구들이 있습니다. 성인이 되면 어른들의 눈치를 보지 않고 술과 담배를 살 수 있고, 마음껏 음주와 흡연을 즐길 수 있기 때문입니다. 이런 로망은 주로 매스컴이나 주변 어른들을 보면서 자연스럽게 생겨납니다. 영화나 드라마, 광고 등에서 술과 담배에 취한 모습을 자유롭고 매력적인 모습인 양 보여 주기 때문입니다. 어떤 것이 좋고 어떤 것이 나쁜지 헷갈리게 합니다.

그런데 성경은 분명히 말씀합니다. "먹든지 마시든지 또 어떤 일을 하든지 모든 것을 하나님의 영광을 위해" 하라고 말입니다. 많은 사람들이 좋아한다고 해서 크리스천인 우리에게도 좋은 것은 아닙니다. 하나님께 영광이 안 된다면 피해야 합니다. 하나님께 기쁨이 되는 일이 진정으로 좋은 일입니다. 하나님께 기쁨이 되기 위해 나쁜 것을 피하고 좋은 것을 지키면, 그것이 우리를 지켜 줍니다.

Q. 교회를 다니지 않는 친구들과 생각이 달라 부딪친 경험이 있나요?

_____

_____

_____

_____

기도 사람들을 기쁘게 하기 위해서가 아니라 하나님을 기쁘게 해드리기 위해, 좋은 것을 행하고 나쁜 것은 피하게 해주세요.

윌리엄 젠킨(William Jenkyn, 1613-1685). 영국 청교도 목사. 기도회를 하던 중 군인들에게 체포되어 뉴게이트 감옥에 수감되었다가 사망했다.

53. 학교 가기 싫을 때

너희 하나님 여호와께서 40년 동안
광야에서 너희를 어떻게 이끄셨는지,
어떻게 너희를 낮추시고 너희를 시험해
너희 마음에 무엇이 있는지,
너희가 그분의 명령을 지키고 있는지 아닌지
알려고 하셨음을 기억하라.

신명기 8:2(우리말성경)

배는 항구에 있을 때 가장 안전하지만,
그러기 위해 지어진 것은 아니다.

존 A. 쉐드

'둥근 해가 떴습니다. 자리에서 일어나서 제일 먼저 이를 닦습니다. 꼭 꼭 씹어 밥을 먹고 가방 메고 인사하고 유치원에 갑니다. 씩씩하게 갑니다.' 어릴 때 부르던 동요의 가사 내용입니다. 유치원에는 씩씩하게 갔었는데 왜 학교는 가기가 싫어질까요? 다람쥐 쳇바퀴 같은 학교 일상에 따분함을 느낍니다. 교실에서 종일 멍하니 보내는 날이면 학교생활이 무의미하게 느껴지기도 합니다.

하나님은 이스라엘 백성을 약속의 땅으로 인도하셨습니다. 그런데 이 땅에 들어가기 전에 한 학교를 거치게 하셨습니다. 바로 '광야' 학교입니다. 그 학교는 이스라엘 백성이 약속의 땅에 걸맞은 사람이 되도록 가르쳤습니다. 대표 과목은 '겸손과 순종!' 이들은 광야 학교를 지나면서 더 낮아지고, 말씀에 귀를 쫑긋 세우고, 서로 하나 되는 연습을 했습니다.

우리가 매일 오가는 학교는 단지 수업만 듣는 곳이 아닙니다. 자신의 적성과 가능성을 발견하고, 문제를 해결하는 힘을 키우는 곳입니다. '나' 혼자가 아닌 '더불어' 사는 법을 배웁니다. 마치 더 넓은 바다를 항해할 수 있는 배가 되도록 항구에서 다듬어 가는 과정과 같습니다.

학교생활을 통해 거칠고 복잡한 세상을 헤쳐 나갈 수 있는 지혜와 맷집을 기를 수 있기를 기도해 봅시다. 학교를 졸업하는 날, 우리는 항구를 떠나 사회라는 바다를 향해 당차고 성숙하게 전진하는 배가 될 것입니다.

Q. 지금까지의 학교생활 중 가장 후회되는 점은 무엇인가요?

기도 매일 반복되는 학교생활이 사회로 나가기 전에 필요한 지혜와 맷집을 기르는 시간이 되기를 기도합니다.

존 A. 쉐드(John Augustus Shedd, 1859-1928). 미국의 작가이자 교수로 활동했으며, 《Salt from My Attic》이라는 명언집을 남겼다.

54. 이성에게 고백할 때, 고백받았을 때

나의 사랑하는 자가 내게 말하여 이르기를
"나의 사랑, 나의 어여쁜 자야, 일어나서 함께 가자."

아가 2:10

사랑은 서로 마주 보는 것이 아니라
함께 같은 곳을 바라보는 것이다.

생텍쥐페리

마음에 드는 이성 친구에게 고백을 하거나 받을 때가 있습니다. 이성에게 마음이 가는 것은 잘못된 일이 아닙니다. 동그란 공이 구르고 물이 위에서 아래로 흐르는 것처럼 자연스러운 일입니다. 하나님은 남자와 여자가 서로에게 끌리고 매력을 느끼도록 창조하셨기 때문입니다.

나만 빼고 친구들 모두 연애를 하는 것 같습니다. 주위의 커플들을 볼 때면 겉으로는 놀리지만 속으로는 부럽기도 합니다. 나보다 부족해 보이는 친구가 매력적인 이성 친구를 사귀면 기분이 묘합니다.

그런데 솔로 탈출보다 더 시급한 일이 있습니다. 매력적인 이성을 만나는 방법보다 더 중요한 것입니다. 바로 '시선'입니다! 건강한 사람은 커플이 서로 마주 보는 데서 끝나면 안 되고 함께 하나님을 바라보는 데로 나아가야 합니다. 함께 하나님을 바라볼수록 이성 친구 관계는 건강하게 지속될 수 있습니다. 반면에 마주 보는 것에만 그치면 그 관계는 금방 질리거나 변질됩니다.

이성과의 교제를 준비하고 있든지, 교제 중이든지, 교제를 하고 싶지만 아직 못 하고 있든지 우리 모두는 꼭 기억해야 합니다. 연애는 두 사람만의 이야기가 아니라 셋의 이야기입니다. 남자와 여자 그리고 하나님이 함께 만들어 가는 스토리입니다. 셋 중에서 하나님의 비중이 작아질수록 그 스토리는 새드엔딩을 맞이할 가능성이 커집니다.

Q. 함께 하나님을 바라보는 커플이 되기 위해 무엇을 할 수 있을까요?

_____

_____

_____

_____

기도 하나님을 함께 바라볼 수 있는 이성 친구를 만나게 해주세요.

앙투안 드 생텍쥐페리(Antoine Marie Jean-Baptiste Roger de Saint-Exupéry, 1900-1944). 스물한 살에 공군에 입대해 조종사 면허를 땄고, 이후 비행기 조종사로 여러 업무를 담당했다. 그의 책 《어린왕자》는 세계인이 가장 사랑하는 작품으로 알려져 있다.

55. 이성과 스킨십을 할 때

여러분의 몸은 여러분 안에 계신
성령의 성전이라는 것을 알지 못합니까?
여러분은 성령을 하나님으로부터 받아서
모시고 있습니다.
여러분은 여러분 자신의 것이 아닙니다.

고린도전서 6:19~20 (새번역성경)

배를 삼킬 만한 큰 물고기는
얕은 물에서 놀지 않는다.

《열자》의 〈양주〉에서

스킨십은 브레이크가 없습니다. 되돌리기 버튼도 없습니다. 단지 직진만 있을 뿐입니다. 손을 잡으면 안고 싶어집니다. 포옹하면 키스하고 싶어집니다. 한 단계 낮은 수위는 만족이 안 되기 때문입니다. 건강한 사랑에는 여러 필수요소가 있습니다. 희생, 우정, 신뢰, 공감, 스킨십 등입니다. 스킨십이 지나치면 부작용이 나타납니다. 나머지 필수요소가 시들게 됩니다. 결국 자극적인 스킨십만 남게 되어 사랑이 공허하게 되거나 병들고 맙니다.

우리 몸은 자신의 것이 아닙니다. 하나님의 것입니다. 우리 몸은 성령 하나님이 거하시는 성전이기 때문입니다. 몸으로 하나님께 영광을 돌리기 위해 꼭 필요한 것이 있습니다. 선을 긋는 것입니다. 육체적인 거룩함을 위해서 스킨십에 분명한 선을 그어야 합니다. 서로의 몸을 더듬어서는 안 됩니다.

스킨십은 육체적인 문제인 동시에 영적인 문제입니다. 성적으로 선을 넘고 문란해지면 우리 영혼도 병들게 됩니다. 우리 몸은 얕은 쾌락을 위해 만들어진 것이 아니라는 사실을 기억해야 합니다. 하나님을 찬송하고 높여 드리는 성전으로 부름을 받았습니다. 몸으로 하나님께 영광 돌리기 위해서는 그 '선'을 지켜야 합니다.

Q. 스킨십의 선을 지키기 위한 구체적인 방법에는 무엇이 있을까요?

_____

_____

_____

_____

_____

기도 제 몸이 얕은 쾌락이 아닌 하나님께 영광 돌리는 성전으로 쓰임 받게 해주세요.

열자(列子, 400? BC). 중국 고대의 도가(道家) 사상가로 알려져 있으나 허구의 인물이라고도 한다. 《열자》는 《노자》, 《장자》와 함께 도가의 3대 사상서로 꼽힌다.

56. 누군가에게 화가 날 때

화가 나더라도 죄를 짓지 말고
해가 지기 전에 곧 화를 푸십시오.
그렇지 않으면 마귀에게 기회를 주게 됩니다.

에베소서 4:26-27(현대인의성경)

화가 날 때 말하면
당신은 분명 후회할 말을 하게 될 것이다.

헨리 워드 비처

나를 화나게 만드는 일이 많습니다. "방 좀 정리하고 살아!" 엄마의 잔소리. "넌 도대체 커서 뭐가 되려고 그러니?" 아빠의 한 소리. "네가 뭘 안다고 그래?" 어른들의 무시. "당장 하지 못해!" 명령조의 말. 가만히 있는 나를 건드릴 때, 억울한 일을 당할 때, 자존심을 상하게 할 때…. 나를 분노하게 만드는 일은 사방에 깔려 있습니다.

화가 날 땐 화를 내도 괜찮습니다. 분노도 인간의 감정이기 때문입니다. '적당한 분노'는 좋은 자극을 줍니다. 인간관계를 더 건강하고 성숙하게 만드는 힘이 되기도 합니다. 그런데 '적당한' 정도를 맞추기가 매우 어렵습니다. 화를 내는 일은 대체로 죄를 짓게 합니다. 누군가의 몸과 마음을 다치게 합니다. 화가 난 상태에서 말을 내뱉고 행동을 취하면 꼭 후회를 남깁니다.

화가 나더라도 죄를 짓는 일은 막아야 합니다! 그러기 위해서는 분노를 곱씹지 말아야 합니다. 친구에게 화가 났다고 해서, 화가 난 상황을 곱씹으며 지난번 일까지 끌어와서 친구를 더 미워하고 복수하고자 하는 마음은 단호히 끊어 내야 합니다. 분노의 상황을 계속해서 묵상하면 마귀가 우리의 왕 노릇을 하게 될 것입니다.

이런 순간이 온다면, 잠시 숨을 고르고 조용한 공간을 찾아 하나님께 기도로 마음을 쏟아 내 보세요. 평강의 왕이신 하나님이 우리의 마음을 지키실 것입니다.

Q. 다른 사람들의 어떤 행동 때문에 화가 나요?

_____

_____

_____

_____

기도 화가 나는 상황에서도 후회할 행동과 말을 하지 않고 평강의 하나님을 바라보게 해주세요.

헨리 워드 비처(Henry Ward Beecher, 1813 – 1887). 목사이자 사회개혁가, 연설가. 노예제 폐지를 지지했으며 많은 명언을 남겼다.

57. 사람을 용서할 수 없을 때

하나님께서 그리스도 안에서 여러분을 용서하신 것같이,
여러분도 서로 신속하고 완전하게 용서하십시오.

에베소서 4:32 (메시지성경)

하나님은 우리에게 두 손을 주셨다.
하나는 받기 위함이고 또 하나는 주기 위함이다.

빌리 그레이엄

사람마다 용서할 수 없는 코드가 있습니다.

· 특정한 사람: 나는 그 친구를 '절대' 용서할 수 없어.
· 특정한 행동: 나는 피해를 주는 행동은 '결코' 용서할 수 없어.
· 특정한 말: 나는 거짓말은 '무조건' 용서 못 해.

각자가 중요하게 여기는 코드에 따라 용서할 수 있는 일과 그렇지 않은
일이 결정됩니다. 우리에게 용서는 아주 힘든 일입니다. 용서보다는 본때

를 보여 주고 싶습니다. 몇 배로 복수하고 싶습니다. 게다가 상대방이 반성하는 모습을 보이지 않으면 용서가 의미 없어 보입니다.

하지만 하나님은 어떠셨나요? 우리를 완전하게 용서하셨습니다. 하나님께 '절대', '결코', '무조건' 용서하지 못할 일은 없었습니다. 심지어 우리가 잘못을 반성하기도 전에 이미 용서하셨습니다. 하나님을 본받아 우리도 용서를 해야 합니다.

"그러면 잘못된 일을 못 본 척하라는 건가요?" 아닙니다! 법에 따라 처벌받게 해야 합니다. 다만 본때를 보여 주고 복수하려는 마음은 내려놓아야 합니다. 경멸하는 마음을 품어서는 안 됩니다. 우리에게는 두 개의 손이 있습니다. 한 손으로는 하나님의 용서를 받고, 다른 한 손으로는 그 용서를 전해 줍니다.

Q. '절대', '결코', '무조건' 용서할 수 없을 것 같은
타인의 행동과 말에는 무엇이 있나요?

_____

_____

_____

기도 하나님이 저를 용서해 주신 것처럼 저도 용서의 손을 내밀 수 있도록 용기를 주세요.

빌리 그레이엄(Billy Graham, 1918–2018). 미국의 침례교 목사이자 작가, 설교자. 세계를 누비며 대중집회를 열어 수많은 이들에게 복음을 전했다. '20세기 최고의 복음전도자'로 불린다.

58. 시기하는 마음이 생길 때

여러분은 믿음으로 인해 은혜로 구원받았습니다.
이것은 여러분에게서 나온 것이 아니요,
하나님의 선물입니다.

에베소서 2:8 (우리말성경)

인생에서 가장 큰 확신은 사랑받고 있다는 확신,
좀 더 정확히는 '내가 이런 사람임에도
사랑받고 있다'는 확신이다.

빅토르 위고

성경에서 소개하는 한 포도원 주인은 포도원에서 일할 사람을 찾으러
하루 종일 돌아다녔습니다. 이른 아침, 오전 아홉 시, 오후 열두 시, 오후
세 시, 심지어 일이 거의 끝나가는 오후 다섯 시에도 말입니다. 알고 보니
포도원 주인은 자신의 포도원을 위해서가 아니라 일자리가 꼭 필요한
일꾼들을 돕기 위해 바빴던 것입니다. 일꾼들 입장에서는 참 고마운 일
이지요.

날이 저물고 하루 품삯을 전달합니다. 그런데 이게 웬일입니까? 가장
늦게 와서 일한 사람과 가장 일찍 와서 일한 사람이 받은 금액이 같았습

니다. 가장 일찍 온 사람이 따져 묻습니다. "늦게 와서 일을 시작한 이 사람들과 저를 똑같이 대우하시다니. 이게 말이 됩니까?" 어느새 이 일꾼의 마음에는 고마움보다 불평과 시기심이 자리 잡습니다. 포도원 주인의 희생적인 마음을 잊었기 때문입니다. 하지만 포도원 주인은 잘못이 없습니다. 원래 약속한 금액을 주었기 때문입니다.

　포도원 주인의 모습은 우리를 향한 하나님의 사랑을 보여 줍니다. 하나님은 멸망할 수밖에 없는 우리를 위해 하나뿐인 아들을 내어 주셨습니다. 하나님의 사랑으로 우리는 영원한 생명을 얻게 되었습니다. 이 사랑을 잊게 되면 시기하는 마음이 자연스럽게 생겨납니다. "왜 쟤만 잘해 줘요?" "왜 나는 인정 안 해 줘요?" 하지만 이미 우리에게 주신 하나님 사랑을 기억할수록 감사하는 마음이 듭니다. "하나님, 이미 주신 사랑으로 저는 충분합니다."

Q. 나는 주로 어떤 사람에게 시기와 질투를 느끼나요?

_____

_____

_____

기도 하나님이 우리에게 주신 놀라운 사랑을 날마다 생각하게 해주세요.

· ·

빅토르 위고(Victor Hugo, 1802-1885). 프랑스 대표 작가. 열일곱 살 때 형과 평론지를 창간했으며, 《레미제라블》, 《파리의 노트르담》 등 유명한 작품을 남겼다.

59. 친구를 깎아 내리고 싶을 때

아무 일에든지 다툼이나 허영으로 하지 말고
오직 겸손한 마음으로 각각 자기보다 남을 낮게 여기고

빌립보서 2:3

남을 칭찬한다고 해서 자기가 낮아지지는 않는다.
도리어 자기를 상대방과 같은 위치에 놓는다.

괴테

눈에 거슬리는 친구가 있습니다. 나대거나 잘난 척하는 친구, 여자 앞에서만 강한 척하는 남자, 남자 앞에서만 약한 척하는 여자, 얼굴도 예쁘고 잘생겼는데 성격도 좋아서 인기가 엄청 많은 친구, 나보다 모든 면에서 인정받는 친구…. 눈에 거슬리는 친구가 잘되면 은근히 배가 아픕니다. 할 수 있으면 깎아 내리고 싶은 마음이 들 때도 있습니다. 그 친구가 잘못되면 그렇게 통쾌할 수가 없습니다. 쌤통이라는 생각까지 듭니다.

성경은 "겸손한 마음으로 각각 자기보다 남을 낮게 여기라"라고 말씀합니다. 친구를 깎아 내리면 나도 내려갑니다. 친구를 높이면 나도 함께 올라갑니다.

요나단은 사울 왕의 왕위를 이어받을 자격이 있는 왕자였습니다. 그런데 사울과 요나단의 눈에 거슬릴 수 있는 존재, 다윗이 등장합니다. 골리앗을 쓰러트린 후 일약 스타덤에 오른 영웅 다윗. 사울은 다윗을 깎아 내리려 애씁니다. 그러나 결국 사울 자신이 꼬꾸라집니다. 반면, 요나단은 다윗을 더 낮게 여기려 애씁니다. 결국 요나단도 다윗처럼 높아집니다.

눈에 거슬리는 친구를 무턱대고 깎아 내리려 하기보다 배울 것은 없는지, 칭찬할 것은 없는지 생각해 본다면 겸손에 한 발짝 더 다가서게 될 것입니다.

Q. 내 눈에 거슬리는 사람이 있나요? 그 사람에게 배울 점이 있다면 무엇인가요?

_____

_____

_____

_____

_____

기도 친구를 깎아 내리는 것을 즐기지 않고 나보다 친구를 더 낮게 여기는 기쁨을 주세요.

∙ ∙

요한 볼프강 폰 괴테(Johann Wolfgang von Goethe, 1749-1832). 독일의 시인, 극작가, 정치가, 과학자. 서양 철학과 문학을 논할 때 빼놓을 수 없는 인물로, 《파우스트》, 《젊은 베르테르의 슬픔》 등을 썼다.

60. 나의 기도가 필요할 때

서로 죄를 고백하고 병 낫기를 위해 서로 기도하십시오.
의인의 기도는 역사하는 힘이 큽니다.

야고보서 5:16 (우리말성경)

마음 없이 말만 하는 기도보다,
말없이 마음으로만 하는 기도가 더 낫다.

존 번연

"기도할게요♡" 교회 다니는 사람들이 자주 하는 말입니다. 누군가의 기도 제목을 듣고서 건네는 약속입니다. 너무 흔하게 주고받아서 영혼 없이 습관적으로 하거나 의미 없이 건네는 인사 정도일 때도 많습니다. 이렇게 마음 없이 말만 하는 기도보다, 말없이 마음으로만 하는 기도가 더 낫습니다. 기도가 필요한 친구에게 "기도할게!"라고 말만 하는 것보다, 티내지 않아도 마음을 담아 실제로 기도하는 편이 더 낫습니다. 그 기도를 들으시는 하나님이 계시기 때문입니다.

이스라엘 백성은 광야를 지나면서 큰 죄를 범했습니다. 지도자인 모세가 자리를 비운 동안 백성들은 금송아지를 만들어 그 앞에 절했습니다. 우상을 숭배한 것입니다. 그 광경을 보고 크게 노하신 하나님은 백성들을 심판하시려 했습니다. 그때 모세가 기도했습니다. "저 백성들을 용서해 주세요. 그렇지 않으시려거든 제 이름을 하나님의 책에서 지워 주세요." 모세는 백성을 위해 마음으로 기도했습니다.

우리 주위에 믿음이 약하거나 죄를 범한 친구가 있나요? 우리의 기도가 필요한 친구입니다. 몸과 마음이 아픈 사람이 있나요? 마음을 담아 기도해 주어야 합니다. 그 기도는 강력한 힘이 있습니다.

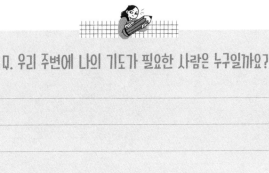

Q. 우리 주변에 나의 기도가 필요한 사람은 누구일까요?

기도 말로만 "기도할게" 하지 않고 기도가 필요한 사람을 위해 마음을 담아 기도하게 해주세요.

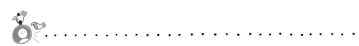

존 번연(John Bunyan, 1628–1688). 영국의 청교도 설교자이자 저술가. 세계적으로 알려진 작품인 《천로역정》을 썼다.

Part 4.

세상

61. 시험을 앞두고 있을 때 |

"조금만 더 자야지, 조금만 더 눈을 붙여야지,
이렇게 몸이 찌뿌드드하니
조금만 더 누워 있어야지" 하고 게으름만 피우고 있으니,
어찌 가난해지지 않겠느냐?
어찌 쪽박을 차지 않을 수 있겠느냐?

잠언 24:33-34(현대어성경)

시작하라! 그 자체가 천재성이고 힘이며, 마력이다!

괴테

'시험 기간의 마법'이 있습니다. 평상시에는 거들떠보지도 않던 것들이 눈에 들어오는 마법입니다. 먼지가 수북이 쌓인 소설책에 눈이 갑니다. 그저 한글일 뿐이던 글자가 생생하게 살아납니다. 갈 곳 잃은 책상 위의 물건들에 눈이 갑니다. 왠지 측은한 마음이 들어 전부 제자리를 찾아줍니다. 내친김에 혼돈의 판도라 상자인 서랍을 엽니다. 잠시 아찔한 마음을 가다듬고 경건한 마음으로 정돈해 갑니다. 어느 순간 배에서 '꼬르륵' 소리가!! 애꿎은 냉장고 문을 쉴 새 없이 여닫습니다. 그간 묵혀 둔 드라마를 정주행하고 게임 레벨을 상승시킵니다. 시험 기간이지만 실제로 공부하

는 시간보다 "나는 공부해야 해"라고 말하고 다니는 시간이 압도적으로 많습니다.

그런데 성경은 이 시험 기간의 마법을 정조준해서 외칩니다. '조금만 더 나중에'는 망하는 지름길이라고 말입니다. 우리에게는 시작할 수 있는 용기가 필요합니다. 시험과 문제를 회피하는 것이 아니라 직면할 수 있는 용기가 절실합니다. 그 용기는 예수님께 있습니다. 십자가를 회피하지 않고 직면하셨던 예수님의 용기! 그 용기를 구합시다. "Just Do It!" 시작할 수 있는 용기를 주시도록 기도할 때입니다.

Q. 시험 기간의 마법에 걸린 적이 있나요?
어떤 행동이 후회되나요?

기도 시험 기간이 시험에 드는 시간이 되지 않도록 용기를 주세요.

요한 볼프강 폰 괴테(Johann Wolfgang von Goethe, 1749−1832). 독일의 시인, 극작가, 정치가, 과학자. 서양 철학과 문학을 논할 때 빼놓을 수 없는 인물로 《파우스트》, 《젊은 베르테르의 슬픔》 등을 썼다.

62. 시험을 앞두고 있을 때 2

전쟁에서 이기려고 제아무리 군마를 수없이 준비해 두어도
전쟁의 승리는 오직 여호와의 손에 달려 있을 뿐.

잠언 21:31(현대어성경)

나는 오늘 해야 할 일이 많기 때문에
기도하는 시간을 갖기 위해서
한 시간 더 일찍 일어난다.

마르틴 루터

시험 기간이 가까워지면 압박이 옵니다. '지난번보다 점수가 올라야 하는데.' '같은 실수를 반복하면 안 되는데.' '부모님에게 뭔가를 보여 줘야 할 텐데.' 그래서인지 컨디션이 자주 나빠집니다. 밥을 먹으면 소화가 잘 안 되고, 걷기만 해도 심장이 터질 듯합니다. 책상에 앉으면 나도 모르게 한숨이 새어 나옵니다. 이런 압박은 우리를 분주하게 합니다.

문제를 풀기 위해서는 지식을 많이 갖고 있어야 합니다. 마치 전쟁에서 이기려면 전투마를 많이 준비해야 하는 것처럼 말입니다. 한 것도 별로 없는데 시간은 금세 지나가고, 해야 할 일이 산더미처럼 쌓여 있지만 시

간은 별로 없습니다. 어떤 친구는 최선을 다해 시험을 준비합니다. 이른 새벽에 별을 보면서 집을 나서고 늦은 저녁에 달을 보며 집으로 들어옵니다.

그러다 보니 시험이 다가올수록 하나님과 보내는 시간을 줄이려고 합니다. 기도 시간을 줄이고 말씀 묵상을 생략합니다. 심지어 주일 예배도 패스합니다. 이는 최선이 아닙니다. 승리는 하나님의 손에 달려 있기 때문입니다. 이것이 바쁠수록 더 하나님을 의지해야 하는 이유입니다. 시험 기간에도, 고3 시절에도 하나님을 의지하며 공부하는 것이 진정한 최선입니다.

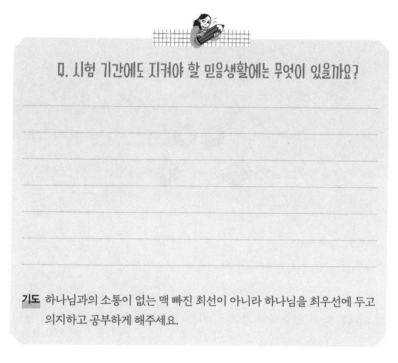

Q. 시험 기간에도 지켜야 할 믿음생활에는 무엇이 있을까요?

_____

_____

_____

_____

_____

_____

기도 하나님과의 소통이 없는 맥 빠진 최선이 아니라 하나님을 최우선에 두고 의지하고 공부하게 해주세요.

마르틴 루터(Martin Luther, 1483-1546). 독일의 종교개혁자이자 신학자. 돈벌이 수단으로 면벌부(면죄부)를 판매하는 교황청에 맞서 그가 '95개 논제'를 게재한 것이 종교개혁의 발단이 되었다.

63. 교회 다닌다고 말하기 힘들 때

내가 이 반석 위에 내 교회를 세울 것이니
지옥의 문들이 이것을 이길 수 없을 것이다.

마태복음 16:18 (우리말성경)

오늘날 교회에 절대적으로 필요한 것은
하나님께 사로잡힌 사람들이다.
오직 하나님만을 중요시하는 사람들이 필요하다.

A. W. 토저

"너, 교회 왜 다녀?"

교회 다니는 십대라면 한번쯤 들었거나 느꼈을 질문입니다. 긍정적인 의도도 있겠지만 주로 부정적인 의도로 묻습니다. 이 물음 안에는 두 가지 의미가 담겨 있습니다. 먼저는 핀잔입니다. '지루하고 문제 많아 보이는 곳을 왜 다녀?' 그다음은 조롱입니다. '교회 안 다니는 나랑 별반 다른 것이 없잖아?!' 이런 말은 우리를 위축시킵니다. 많은 크리스천 십대들은 학교에서 비밀요원으로 활동합니다. 신분을 들키지 않는 미션을 수행합니다. 교회 다니는 것이 알려지면 득이 될 것이 없다고 느끼기 때문입니다.

교회를 알아야 합니다! 진정한 교회는 건물이 아닙니다. 예수님을 주인으로 모시는 '사람'이 교회입니다. 친구들의 반응과 평가에도 결코 변하지 않는 것은 (예수님을 주로 고백하는) '우리가 바로 교회'라는 사실입니다. 이것은 우리에게 하나의 목표를 제시해 줍니다. 어디에서도(교실, 학원, 독서실, 집) 누구 앞에서도(친구들, 선생님, 선후배, 부모님) 예수님을 주인으로 모시는 것입니다. 쉽지 않습니다. 흔들릴 수 있습니다. 싫을 수도 있습니다. 그러나 기억해야 합니다. "우리는 교회에 다니는 사람이 아니라 '우리가 교회'"라는 사실을요. 하나님은 어디에서도, 누구 앞에서도 예수님을 주인으로 섬기는 교회를 찾고 계십니다.

Q. 친구들에게 (자신 있게) 교회 다닌다고 말하지 못하는 이유는 무엇인가요?

기도 그저 교회를 다니는 사람이 아니라 제가 '교회'라는 사실을 기억하게 해 주세요.

A. W. 토저(Aiden Wilson Tozer, 1897-1963). 목사, 설교자, 저술가. 부패한 교회 현실을 비판하고 인기에 영합하지 않는 태도를 보여 이 시대의 예언자라는 평가를 받는다.

64. 교회 다니기 싫을 때

너희도 성령 안에서 하나님이 거하실 처소가 되기 위하여
그리스도 예수 안에서 함께 지어져 가느니라.

에베소서 2:22

사람이 혼자서는 절대 할 수 없는 일이 두 가지 있다.
하나는 결혼이고, 또 하나는 그리스도인이 되는 것이다.

폴 투르니에

치킨에는 콜라, 짜장면에는 단무지, 라면에는 김치입니다. 하나보다는 둘이 낫습니다. 세상에는 결코 혼자 할 수 없는 것이 있습니다. '결혼' 그리고 '그리스도인이 되는 것'입니다. 이렇게 묻고 싶을지 모르겠습니다. "우리가 교회인데 꼭 교회에 다녀야 하나요?" 답은 하나입니다. "네, 당연합니다!" 혼자서는 교회가 될 수 없기 때문입니다.

교회 가기 싫은 마음은 대체로 두 가지 심리가 작동하기 때문에 생깁니다. 먼저는 '귀차니즘'입니다. 공부나 개인 일정을 감당하다 보면 보상심리가 따라옵니다. 남은 시간에는 마음껏 놀고 실컷 자고 싶습니다. 교회

가는 시간이 아깝고 귀찮게 느껴집니다. 다음은 '불편함'입니다. 교회에 친한 친구가 없거나 싫어하는 사람이 있으면 불편해집니다. 교회가 지루하게 느껴지거나 (믿음이 약해서) 활동에 의미를 느끼지 못할 때는 참을 수 없는 불편함이 몰려옵니다.

그런데 귀차니즘과 불편함은 통과해야 할 장애물이지 거기 머물러서는 안 됩니다. 교회 된 우리는 꼭 (온-오프라인 상관없이) 교회를 다녀야 합니다. '나'라는 교회가 '너'라는 교회를 만나, 함께 하나님을 예배하고 알아가며 교제를 나누어야 합니다. 그래야만 '우리'라는 진정한 교회로 설 수 있습니다. 우리 각자의 교회는 '더불어 함께' 지어져 갑니다.

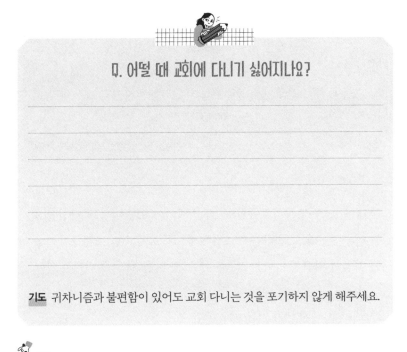

Q. 어떨 때 교회에 다니기 싫어지나요?

기도 귀차니즘과 불편함이 있어도 교회 다니는 것을 포기하지 않게 해주세요.

폴 투르니에(Paul Tournier, 1898-1986). 스위스의 의사이자 작가. '20세기 그리스도인이 가장 사랑한 상담자'로 불리며, 신학과 정신의학 분야에 많은 영향을 끼쳤다.

65. 사람들이 기독교를 욕할 때

너희는 세상의 소금이니 소금이 만일 그 맛을 잃으면
무엇으로 짜게 하리요?
후에는 아무 쓸 데 없어 다만 밖에 버려져
사람에게 밟힐 뿐이니라.

마태복음 5:13

다른 사람들이 나를 어떻게 생각하는지는
점점 덜 중요하게 여겨진다.
그들이 나로 인해 예수님을 어떻게 생각하는지가 더 중요하다.

클리프 리처드

제게는 초·중·고등학교를 함께 다닌 단짝이 있습니다. 하나님을 믿지 않는 친구입니다. 그 친구는 매스컴에서 기독교에 대한 스캔들이 나올 때마다 따끔한 비판을 아끼지 않습니다. 그런 다음 제게 꼭 던지는 말이 있습니다.

"잘해라. 나에겐 네가 기독교다!"

인터넷에서 기독교를 비난하는 내용을 접하면 허탈합니다. 친구들이 기독교에 대해 욕하면 부끄럽습니다. 그래서 덩달아 기독교를 욕하기도 하고 자신이 크리스천인 것을 숨기기도 합니다. 하지만 변하지 않는 사실은 '나도 기독교'라는 것입니다. 누군가는 우리를 통해 예수님을 볼 것이고 기독교가 무엇인지를 알게 될 것이기 때문입니다.

물론 이 사실이 부담감을 안겨 줄 수 있습니다. '나는 믿음이 부족한데', '친구들이 나도 욕하면 어쩌지?' 하는 마음이 밀려옵니다. 하지만 부담감을 느끼는 것이 정상입니다. 하나님이 그렇게 부르셨기 때문입니다. 하나님은 우리를 세상의 소금 같은 사람으로 부르셨습니다. 맛을 내는 소금처럼 우리는 세상에서 하나님의 맛을 내는 사람입니다. 세상이 좋아하는 사람이 아니라 세상에 꼭 필요한 사람입니다. 사람들이 기독교를 욕할 때, 덩달아 욕하거나 부끄러워하기보다는 어떻게 하나님의 맛을 낼지 고민해야 합니다.

Q. 어떻게 행동하면 친구들이 나에게서 하나님의 맛을 느낄 수 있을까요?

기도 사람들이 나를 통해 하나님을 볼 수 있도록 하나님이 원하시는 일을 실천할 수 있는 지혜와 은혜를 주세요.

클리프 리처드(Cliff Richard, 1940-). 영국의 대중음악가. 세계적인 가수로서 수많은 히트곡을 남겼다. 유혹 많은 연예계 생활을 하면서도 성실한 삶을 이어 왔다고 평가받는다.

66. 누군가가 그리스도인을 비난할 때

너희가 내 사람이라는 것과
내 이름을 부른다는 이유만으로
모든 사람이 너희를 미워할 것이다.

누가복음 21:17 (현대어성경)

목욕물 버리다 아기까지 버리지 말라.
Don't throw the baby out with the bathwater.

영어 속담

"난 그리스도인이 싫어!"

이런 말을 들어 본 적이 있을 것입니다. 학교를 가면 이 말이 더욱 실감 납니다. 친구나 선생님 중에 그리스도인을 깔보거나 노골적으로 싫어하는 사람들이 있기 때문입니다. 이유는 많습니다. '독선적이다', '이기적이다', '그냥 마음에 안 든다' 등 듣기만 해도 얼굴이 화끈거리고 속상한 말들입니다.

그런데 기독교에 대한 비난을 들을 때 우리는 감사해야 합니다. 세상은 여전히 그리스도인들에게 기대하는 바가 있기 때문에 그런 말을 하는 것입니다. 기대하는 것이 없는 대상에게 비난은 어울리지 않습니다. 우리는 이 말을 들을 때 스스로를 끊임없이 점검해야 합니다. '나(우리)에게는 부끄러운 모습이 없는가?' 하고 말입니다.

사람들은 자신과 다르다는 이유로 예수님을 미워했습니다. 말이 통하지 않는다는 이유로 그분을 핍박했습니다. 그러니 예수님을 믿는 우리 또한 사람들의 미움을 받고 핍박을 받을 것입니다. 우리는 예수님보다 클 수 없기 때문입니다.

사람들이 내뱉는 기독교에 대한 부정적인 평가를 듣고 신앙을 버리는 친구들이 적지 않습니다. 이는 아기를 씻긴 목욕물과 함께 아기를 버리는 셈입니다. 누군가에게 그리스도인을 비난하고 기독교를 미워하는 소리를 듣는다면, 우리 안에 계시는 예수님께 더욱 집중할 때입니다.

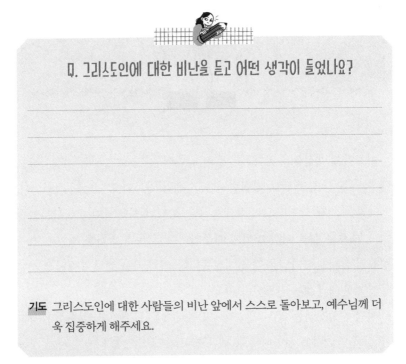

Q. 그리스도인에 대한 비난을 듣고 어떤 생각이 들었나요?

기도 그리스도인에 대한 사람들의 비난 앞에서 스스로 돌아보고, 예수님께 더욱 집중하게 해주세요.

67. 막다른 길을 만났을 때

바다 가운데 길을 내시고 거센 물결 가운데
통로를 내신 여호와께서 이렇게 말씀하신다.

이사야 43:16 (우리말성경)

하나의 문이 닫히면 또 다른 문이 열린다.

세르반테스, 《돈키호테》에서

이스라엘 백성들은 막다른 길을 만납니다. 앞만 보고 열심히 걸어왔는데 어느 순간 길이 막혀 버렸습니다. 홍해가 가로막고 있었던 것입니다. 백성들은 이제 끝이라고 생각했습니다. 하지만 하나님께는 시작이었습니다. 새로운 길을 여실 것이기 때문입니다. 모두가 막다른 길이라고 단정했던 홍해에 하나님은 길을 내셨습니다. 바다 가운데 길을 내시고 거센 물결 가운데 통로를 만드셨습니다.

성경에 등장하는 많은 믿음의 사람들에게는 공통점이 있습니다. 막다른 길을 만났다는 것입니다. 요셉은 감옥에 갇혔고, 다니엘은 사자 굴에 던져졌고, 다윗은 사울 왕의 위협을 받았습니다. 그때마다 하나님은 변함없이 새로운 길을 여셨습니다.

우리 또한 삶에서 막다른 길을 만납니다. 당연히 잘될 것으로 생각했던 일이 틀어지고, 기대했던 일이 예상치 못한 방향으로 흘러가기도 합니다. 그때마다 한숨처럼 새어 나오는 말이 있습니다. "이대로 끝나는 건가?" 하지만 하나님의 자녀인 우리에게 '끝'이란 없습니다. '새로운 길'을 여시는 하나님이 계시기 때문입니다. 하나님은 반드시 새로운 길을 여실 것입니다.

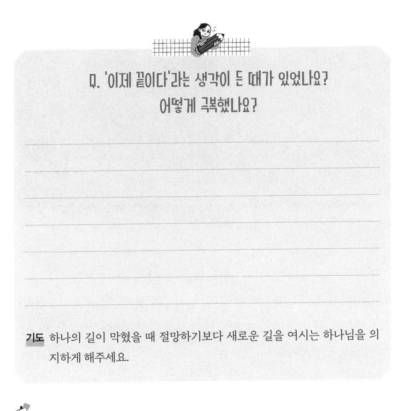

Q. '이제 끝이다'라는 생각이 든 때가 있었나요?
어떻게 극복했나요?

기도 하나의 길이 막혔을 때 절망하기보다 새로운 길을 여시는 하나님을 의지하게 해주세요.

미겔 데 세르반테스(Miguel de Cervantes, 1547-1616). 스페인의 소설가이자 시인. 주요 작품으로 《돈키호테》가 있다.

68. 앞이 보이지 않을 때

하나님이 이르시되 "내가 반드시 너와 함께 있으리라."

출애굽기 3:12

나는 시간의 문에 서 있는 남자에게 말했다.
"내가 알지 못하는 곳을 안전히 걸어갈 수 있도록 내게 빛을 주시오."
그러자 그는 대답했다.
"어둠 속으로 나아가시오.
그리고 당신의 손을 하나님의 손에 맡기시오.
그것이 당신의 빛보다 많고,
당신이 알고 있는 길보다 더 안전할 것이오."

미니 루이스 하스킨스, 〈시간의 문〉에서

입학한 학교에 아는 친구가 거의 없을 때, 새 학년이 되어 받아든 수학 책이 작년보다 더 두껍고 복잡할 때, 새 학급에 불편한 친구들이 많을 때, 중요한 일을 꼭 해내야 할 때 종종 앞이 보이지 않습니다. 마치 빛 하나 없는 어둠 속을 걸어가는 느낌입니다.

모세도 그랬습니다. 하나님은 모세에게 이집트에서 고통받는 백성을 구출하라고 말씀하십니다. 모세는 그 명령을 딱 잘라 말합니다. "저는 못 합니다." 모세가 해내기에는 너무나 큰일이었기 때문입니다. 백성들을 설득하고, 이집트 왕의 마음을 거슬러 사명을 완수하기에는 자신의 믿음과 능력이 부족한 것이 사실이었습니다. 모세 입장에서는 도무지 앞이 보이지 않는 일이었지요. 인간적인 생각으로는 달걀로 바위를 깨는 것만큼이나 불가능해 보였습니다. 그때 하나님이 모세에게 말씀하십니다. "내가 반드시 너와 함께 있으리라." 이후로 펼쳐지는 모세의 걸음은 믿음의 걸음이었습니다. 도무지 앞이 보이지 않는, 불가능해 보이는 길에서 하나님의 손을 잡고, 버티고 맡기고 의지하며 걸었습니다. 그것이 가장 확실하고 안전했기 때문입니다.

도무지 앞이 보이지 않나요? "내가 반드시 너와 함께 있으리라"라고 약속하신 하나님을 신뢰할 때입니다.

Q. 어떤 일 앞에서 '나는 도저히 못 하겠다'라고 생각한 적이 있나요?

_____

_____

_____

_____

_____

기도 도무지 앞이 보이지 않을 때, 나와 함께하시는 하나님의 손을 잡고, 버티고 맡기고 의지하게 해주세요.

미니 루이스 하스킨스(Minnie Louise Haskins, 1875-1957). 영국 시인이자 사회학자였으며 주일학교 교사로 섬겼다. 몇 권의 시집을 남겼다.

69. 앞으로 나아갈 수 없을 때

두려워하지 마십시오.
굳게 서서, 하나님께서 오늘
여러분을 위해 행하시는 구원을 지켜보십시오.

출애굽기 14:13 (메시지성경)

만약 홍해가 당신 앞을 가로막고 있고, 왼쪽에는 광야,
오른쪽에는 산, 뒤에서는 애굽군이 말을 타고 쫓아온다면,
하나님을 찬양하기 시작하라.
왜냐하면 그 상황은
하나님의 기적이 일어나기에 안성맞춤이기 때문이다.

피터 알라드

차량을 이용해 사막을 지나다 보면, 난감한 상황을 맞이할 때가 있습니다. 차바퀴가 모래 늪에 빠지면, 그 순간부터 차는 마비됩니다. 전진할 수도, 후진할 수도 없습니다. 이 상황에서 최악의 행동은 가속 페달을 밟는 것입니다. 강하게 밟을수록 앞으로 나아가기는커녕 아래로 빨려 들어가기 때문입니다. 이 늪에서 빠져나오는 최선의 방법은 타이어의 바람을 빼는 것입니다. 모래와의 접촉면이 늘어나면서 모래 구덩이에서 빠져나올 수 있게 됩니다.

모세를 따라서 이집트를 탈출한 이스라엘 백성은 홍해를 마주합니다.

마치 차바퀴가 모래 늪에 빠지는 상황과 닮았습니다. 앞에는 홍해, 양옆에는 광야와 산, 뒤에는 이집트 군인들이 쫓아오고 있습니다. 한순간에 오도 가도 못 하게 묶여 버린 것입니다. 이때 백성들은 최악의 선택을 합니다. 자신의 상황과 신세를 한탄합니다. 모세를 향해 원망합니다. 그러자 모세가 말합니다. "두려워하지 마십시오. 우리를 구원하실 하나님을 바라보십시오."

우리 또한 삶의 모래 늪에 빠지는 경험을 합니다. 두려움으로 인해 무기력해집니다. 상처 때문에 오도 가도 못 합니다. 사람들의 시선 때문에 더 나아갈 용기가 나지 않습니다. 그때 우리는 힘을 빼고 기도로 하나님과의 접촉면을 넓혀야 합니다. 이를 통해 하나님의 일하심을 두 눈으로 '직접' 확인하게 될 것입니다.

Q. 오도 가도 못 할 만큼 힘들게 했던 일이 있었나요?
어떻게 해결했나요?

_____

_____

_____

기도 절망적인 상황을 마주할 때 힘을 빼고 하나님과의 접촉면을 넓히게 해
주세요.

피터 알라드(Peter A. Allard, 1946-2022). 뛰어난 학자로서 학문 발전과 다음세대 교육을 위해 막대한 재산을 사회에 기부했다.

70. 진로에 대한 고민이 많을 때

그리스도를 기쁘시게 해드릴 일이 무엇인지 생각하고,
그것을 행하십시오.

에베소서 5:10(메시지성경)

인생은 짧은 이야기와 같다.
중요한 것은 그 길이가 아니라 값어치이다.

세네카

"제가 앞으로 무엇을 해야 할지, 제 진로를 도통 모르겠어요."

어떤 학교에 진학할지, 어떤 직업을 가져야 할지 확신이 서지 않을 때 답답함을 느낍니다. 정해진 목적지 없이 무작정 걸어가는 기분입니다. 그래서 때로는 태풍이 부럽습니다. 진로가 정해져 있으니까요.

어른들은 진로를 말할 때 '무엇이 될 것인가'를 중요하게 여깁니다. 예를 들어 단순히 '의사', '아이돌' 같은 직업을 가지라거나 '돈을 많이 버는 사람', '높은 지위를 가진 사람'이 되라고 합니다. 하지만 이것은 우리 삶의 목적이 아니라 수단입니다. 직업과 상황은 수없이 바뀔 수 있기 때문입니다. 진로에서 가장 중요한 것은 '무엇을 위해 살 것인가'입니다. 아픈 사람들을 치유해 주기 위해, 가난한 이들을 돕기 위해, 누군가에게 기쁨을 주기 위해 등등이 될 수 있습니다. '무엇이 될 것인가'를 묻기 전에 '무엇을 위해 살 것인가'를 고민해야 합니다.

하나님을 믿는 우리에게는 '하나님을 기쁘시게 해드리기 위해 사는 사람'이라는 진로가 있습니다. 진로에 대한 고민이 있다면, 하나님을 기쁘시게 하는 인생을 살고 싶다는 기도를 시작할 때입니다. 이것은 십대 때에만 하는 기도가 아니라 평생 드려야 할 기도입니다. 하나님을 기쁘시게 하는 인생 진로가 우리 삶을 가장 값지게 할 것입니다.

Q. '나'를 기쁘게 하는 삶과 '하나님'을 기쁘시게 하는 삶의 결과는 어떻게 다를까요?

_____

_____

_____

_____

기도 하나님을 기쁘시게 하는 삶을 살고 싶습니다. 그 삶을 위해 구체적인 진로와 방향이 세워지게 해주세요.

루키우스 안나이우스 세네카(Lucius Annaeus Seneca, 4? BC-AD 65). 스토아학파 철학자 중 한 명으로, 그의 작품은 로마 시대 고전 라틴어의 표준으로 여겨진다.

기. 왜 공부를 해야 하는지 모를 때

하나님께서 말씀하셨다.
"우리가 우리의 형상을 따라 사람을 만들자.
그들로 우리의 본성을 드러내게 하여
그들이 바다의 물고기와 공중의 새와 집짐승과
온 땅과 땅 위에 사는 온갖 동물을 돌보게 하자."

창세기 1:26 (메시지성경)

이 세계에 있는 모든 사물에는 하나님의 모습이 깃들어 있다.

톨스토이

'왜 공부를 해야 할까?' 가끔씩 떠오르는 질문이지만, 마땅한 답을 못 내리고 있습니다. 공부에 대해서 많은 십대들이 '해야 하기 때문에 한다'고 말합니다. 학교를 졸업해야 하기 때문에, 대학을 가야 하기 때문에, 루저가 되기 싫기 때문에 한다고 말합니다.

우리에게 공부는 하나님의 창조 세계를 알아가는 일입니다. 하나님이 만드신 하늘과 바다와 땅, 생명 속에서 하나님의 흔적을 엿볼 수 있습니다. 우주를 보면서 하나님의 광대하심을 느끼고, 대자연 속에서 하나님의 아름다우심을 보게 됩니다. 국어 영어 수학 과학 역사 지리 등의 과목도 하나님의 창조 세계를 알아가는 것과 연관이 있습니다. 더 나아가 공부는 하나님의 창조물을 진정으로 보호하는 지혜를 얻게 합니다. 하나님의 창조 세계를 이해하고 보호하는 데 도움을 줍니다.

그런 의미에서 공부도 하나님께 예배하는 수단이 됩니다. 목회자가 설교로, 청소노동자가 청소로, 의사가 의술로 하나님께 영광 돌리는 것처럼 학생들은 공부로 영광을 돌리기 때문입니다. 공부는 인생의 짐이 아니라 축복입니다.

Q. '왜 공부해야 하는지' 묻는 친구에게 무엇이라 대답해 줄 수 있을까요?

기도 공부가 짐이 아니라 하나님의 창조 세계를 알아가고 창조물을 보호하며 하나님께 영광 돌리는 축복의 통로가 되게 해주세요.

레프 톨스토이(Lev Nikolayevich Tolstoy, 1828−1910). 도스토옙스키와 함께 19세기 러시아 문학을 대표하는 세계적 문호이자 문명비평가, 사상가로 알려져 있다. 《전쟁과 평화》, 《부활》 등 위대한 작품을 남겼다.

72. 주일 신앙과 평일 신앙이 다를 때

아람 왕의 신하들이 아람 왕에게 조언을 했습니다.
"저들의 신은 산의 신입니다.
그래서 저들이 우리보다 센 것입니다.
하지만 우리가 평지에서 싸운다면
분명 저들보다 강할 것입니다."

열왕기상 20:23 (우리말성경)

기독교는 그저 주일에 교회 가는 종교가 아니다.
매일 24시간을 예수 그리스도와 함께 사는 것이다.

빌리 그레이엄

이스라엘과 아람(오늘날의 시리아)이 서로 전쟁 중인 상황입니다. 전쟁에서 이기려면 전략이 중요합니다. 아람 왕국의 승리 전략은 평지에서 싸우는 것이었습니다. 그 이유를 이렇게 말합니다. "저들의 신(하나님)은 산에서만 존재감이 있다."

우리의 신앙이 '주일 신앙'이 될 때가 많습니다. 주일 신앙은 주일 예배로 끝입니다. 교회 안에서는 하나님을 예배하고 찬양하지만 문턱을 밟고 나가는 순간부터 하나님의 존재는 잠시 접어 둡니다. 평일에는 더 이상 하나님이 필요 없다고 생각하기 때문입니다. 마치 아람 왕국의 신하들이 하나님을 산에만 계시는 분이라고 오해한 것처럼 말입니다.

우리의 신앙은 평일까지 이어져야 합니다. 하나님을 향한 예배는 교회에서만 그쳐서는 안 되고 집까지 이어져야 합니다. 말씀을 읽고 듣는 것이 교실로까지 이어져야 합니다. 하나님을 찬양하는 소리가 일상에서도 울려 퍼져야 합니다. 하나님은 '산'의 신이실 뿐만 아니라 '삶'의 신이시기 때문입니다. 하나님은 '주일'만이 아니라 '평일'에도, '그 어디'에서도 우리와 함께하십니다. 주일에는 모이는 교회라면, 평일에는 흩어지는 교회입니다. 주일뿐만 아니라 평일에도 함께할 사람을 하나님은 찾고 계십니다.

Q. 주일 예배를 드리면서 한 결심을 평일에도 실천하려고 애써 본 경험이 있나요?

_____

_____

_____

_____

_____

_____

기도 우리 믿음이 주일뿐만 아니라 평일까지 이어질 수 있게 해주세요.

빌리 그레이엄(Billy Graham, 1918–2018). 미국의 침례교 목사이자 작가, 설교자. 세계를 누비며 대중 집회를 열어 수많은 이들에게 복음을 전했다. '20세기 최고의 복음전도자'로 불린다.

73. 힘든 일이 계속될 것 같을 때

저녁에는 울음이 깃들일지라도
아침에는 기쁨이 오리로다.

시편 30:5

용기를 내라.
우리가 오늘은 광야를 걷지만
내일은 약속의 땅을 걸을 것이다.

D. L. 무디

어느 책에 기록되어 있는 이야기 한 토막입니다.

목동이었다가 왕이 된 다윗은 자신을 잘 다스리기를 바랐습니다. 그는 보석을 디자인하는 사람을 불러서 부탁했습니다. "나를 위한 반지를 만들어 주게. 특별한 글귀도 함께 새겨 주게나. 좋은 일을 만났을 때 자만에 빠지지 않고, 힘든 일을 만났을 때 낙심하지 않도록 해주는 글귀 말일세." 보석 세공인은 오랜 시간 고민을 했지만 마땅한 글귀가 떠오르지 않았습니다. 지혜롭기로 소문난 솔로몬 왕자를 찾아가서 도움을 청했습니다. 솔로몬은 다음과 같이 말했습니다. "그 반지에 '이것 역시 지나가리라'라는 문구를 새겨 넣으십시오. 임금님이 승리감에 자만할 때, 패배하여 낙심할 때, 이 글귀를 보면 마음을 다스리는 데 도움이 될 것입니다."

우리는 때로 힘든 일을 만납니다. 힘든 일 자체보다 불안감이 우리를 더 힘들게 합니다. '이 힘든 일이 끝나지 않고 계속되면 어떡하지?' 하는 불안이 엄습합니다. 이럴 때 불안을 불안해하지 말아야 합니다. 이 힘든 일 역시 지나갈 것입니다! 하나님 안에서는 그 어떤 문제도 영원하지 않기 때문입니다.

우리가 오늘은 험한 광야를 지날지라도 내일은 약속의 땅을 걷고 있을 것입니다. 광야의 길을 지나는 동안에도 하나님은 우리를 안고 건너가실 것입니다.

Q. 현재 내 기분을 좌우하는 불안감은 무엇인가요?

_____

_____

_____

_____

기도 어떠한 불안감이 찾아와도 나의 참된 주인은 하나님이심을 기억하게 해주세요.

D. L. **무디**(Dwight Lyman Moody, 1837-1899). 아버지가 일찍 돌아가셔서 초등학교 5학년까지밖에 학교에 다니지 못했지만, 탁월한 주일학교 선생이 되어 수많은 영혼을 하나님께로 이끌었다.

74. 미래 막막증이 다가올 때

여호와께서 친히 네 앞서가시고
너희와 함께하실 것이며 너를 떠나지도,
너를 버리지도 않으실 것이다.
두려워하지 말고 낙심하지 마라.

신명기 31:8 (우리말성경)

불확실한 미래를
확실한 하나님께 맡기기를 두려워하지 말라.

코리 텐 붐

신명기 31장 8절 말씀은 모세가 죽음을 앞두고 유언처럼 전하는 마지막 설교입니다. 이를 듣고 있던 이스라엘 백성은 큰 슬픔 가운데 있었을 것입니다. 모세는 유능한 리더이자 하나님의 사람이었습니다. 이스라엘 백성이 이집트를 탈출해 홍해를 건너고 광야를 지나 약속의 땅 가나안을 밟기 직전까지 이를 수 있었던 데는 모세의 역할이 컸습니다. 모세는 지난 40년 동안 백성들이 흔들리지 않도록 하나님 말씀으로 그들을 섬겼고, 포기하지 않도록 기도로 도왔습니다. 모세가 없는 이스라엘의 미래는 참으로 막막했습니다. 그때 모세가 말합니다. "하나님께서 한발 앞서서 여러분을 인도하실 것입니다. 떠나거나 버리지도 않을 것입니다. 그러니 두려워하거나 낙심하지 마세요."

미래를 생각하면 막막함이 몰려올 때가 있습니다. '어떻게 살아야 할지', '잘 헤쳐 나갈 수 있을지' 확신이 서지 않습니다. 미성년자에서 빨리 벗어나고 싶지만 한편 어른이 되어도 마냥 즐거울 것 같지는 않습니다. 미래가 막막하기 때문입니다. 미래를 알기 위해 무당을 찾아가는 사람들도 있지만 헛일입니다. 그들도 자신의 미래를 알지 못합니다.

확실한 한 가지는 우리보다 앞서서 인도하시는 하나님이 내 곁에 계시다는 사실입니다. 우리를 떠나지도 버리지도 않으십니다. 미래에 대해 두려워하고 낙심하기보다 살아 계신 하나님께 맡겨 드리는 것이 더 낫습니다. 우리의 앞날은 하나님의 손에 있기 때문입니다.

Q. 나의 미래를 불안하게 만드는 것은 무엇인가요?

기도 우리에게 있는 '미래 막막증'을 하나님의 평안으로 덮어 주고 다스려 주세요.

코리 텐 붐(Corrie ten Boom, 1892-1983). 복음전도자. 제2차 세계 대전 때 유대인들을 숨겨 준 것이 발각되어 나치 수용소에 갇혀 극심한 고문을 받았고, 가족들은 모두 처형당했다.

75. 작은 것에 무너질 때

지극히 작은 것에 충성된 자는 큰 것에도 충성되고
지극히 작은 것에 불의한 자는 큰 것에도 불의하니라.

누가복음 16:10

우리 앞에 놓인 높은 산이 아니라
신발 속의 작은 모래알이 발걸음을 중단시킨다.

외국 속담

"유명 산악인, 집 안 계단서 굴러 떨어져 사망"이라는 기사가 인터넷을 뜨겁게 달군 적이 있습니다. 에베레스트산에서 극적으로 살아 돌아와 유명해진 한 등반가가 집 안 계단을 내려오다가 발을 헛디뎌 사망했다는 내용이었습니다. 이 소식은 많은 이들의 안타까움을 자아냈습니다. 세계 최고의 산을 오른 산악인을 쓰러트린 것은 뭔가 거대한 것이 아니라 집 안의 작은 계단이었기 때문입니다.

다윗은 믿음으로 거대한 골리앗을 쓰러트렸습니다. 그는 위기에 빠진 이스라엘을 구한 믿음의 영웅이었습니다. 그런데 다윗은 상대적으로 작은 밧세바 앞에서 어이없게 무너졌습니다. 큰 골리앗 앞에서는 하나님을 의지했지만 여인 밧세바 앞에서는 자신의 힘을 의지했습니다. 우리 또한 큰일보다 작은 일로 인해 쉽게 무너집니다. 작은 일 앞에서는 하나님을 의지하지 않기 때문입니다. '이것쯤이야' 하는 방심과 나태함이 결국 우리를 약하게 만듭니다.

사람들 앞에서 뭔가를 해내야 할 때 기도해야 합니다. 마찬가지로 아무도 보는 이 없는 곳에 머물 때도 하나님을 의지해야 합니다. 커다란 시련 앞에서 우리는 하나님께 기도해야 합니다. 마찬가지로 사소한 일을 앞두고도 기도해야 합니다. 불편한 환경에서도, 편안한 상황에서도 변함없이 하나님을 의지하는 것이 강한 믿음입니다.

Q. 사소해 보이는 것 때문에 절망하거나 믿음이 약해진 경험이 있나요?

기도 큰 문제 앞에서만이 아니라 사소한 일 앞에서도 하나님을 의지하고 기도하게 해주세요.

76. 고난이 이해가 안 될 때 I

내가 고난을 받기 전에는 방황했는데
이제는 주의 말씀을 지킵니다.

시편 119:67 (우리말성경)

고통은 귀먹은 세상을 깨우려는 하나님의 확성기다.

C. S. 루이스

저는 모태 신앙인입니다. 어릴 적부터 문턱이 닳도록 교회를 드나들었습니다. 저는 하나님을 누구보다 잘 믿는다고 자부했습니다. 수없이 많은 예배를 드리고 제법 긴 성경 구절을 암송했기 때문입니다. 교회를 열심히 다니지 않는 사람들을 은근히 무시하고 비난했습니다. 하나님을 잘 믿기보다는 나 자신을 뽐내고 있었던 것입니다. 하나님은 그저 나를 위한 액세서리에 불과했습니다. 이 모든 착각이 깨어지게 된 계기는 '고난'이었습니다. 이해하기도 감당하기도 어려운 고통을 겪으면서 나의 헛된 자아가 산산이 부서졌습니다. 그 이후로 하나님이 액세서리가 아니라 내 삶의 주인이심을 알아 가는 여정이 시작되었습니다.

우리 삶에 고난이 있습니다. 이해되지 않는 고통을 겪습니다. '왜 하필이면 내게 이런 일이 일어났는지' 생각하면 억울하고 화가 납니다. 하지만 고통이 꼭 나쁜 것만은 아닙니다. 하나님 안에서 고난은 우리를 더 성장시키기 때문입니다. 기독교는 '고난이 없는' 종교가 아닙니다. '고난을 딛고' 성숙해 가는 종교입니다. 시편의 저자는 고난이 유익이었다고 말합니다. 이로써 하나님 말씀을 더 알고 지키게 되었기 때문입니다. 고통은 하나님 말씀을 더 잘 들리게 하는 명품 스피커(확성기)입니다.

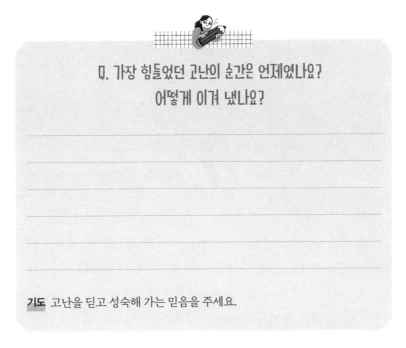

Q. 가장 힘들었던 고난의 순간은 언제였나요?
어떻게 이겨 냈나요?

기도 고난을 딛고 성숙해 가는 믿음을 주세요.

C. S. 루이스(Clive Staples Lewis, 1898-1963). 영국 옥스퍼드 대학과 케임브리지 대학에서 학생들을 가르쳤다. 기독교 집안에서 태어났지만 무신론자로 지내다가 삼십대에 회심을 했다. 《나니아 연대기》, 《스크루테이프의 편지》 등 많은 작품을 남겼다.

77. 고난이 이해가 안 될 때 2

이로 말미암아 모든 경건한 자는
주를 만날 기회를 얻어서 주께 기도할지라.
진실로 홍수가 범람할지라도 그에게 미치지 못하리이다.

시편 32:6

때로는 고난이 주님과 가까워지는 지름길이 된다.

브레넌 매닝

욥은 믿음 좋기로 소문난 사람이었습니다. 하나님도 인정하실 정도였지요. 이런 욥에게도 고난이 다가왔습니다. 연속해서 몰아치는 파도와도 같았습니다. 고난은 순식간에 욥에게서 가족과 건강, 재산을 빼앗아 갔습니다. 고난을 겪을 때 가장 힘든 점은 억울함일 것입니다. 잘못한 일로 혼나면 수긍을 하겠는데, 이유도 모른 채 억울하게 혼이 나면 견디기 힘듭니다. 욥도 그랬습니다. 믿음에 대한 보상은커녕 억울하게 고통을 겪게 됐으니 분통을 터트립니다. "내가 차라리 태어나지 않았다면 좋았겠다!"

욥의 믿음이 귀한 것은 고난 앞에서도 흔들리지 않아서가 아닙니다. 정신을 못 차릴 정도로 흔들렸지만 포기하지 않고 하나님 앞에 나아갔기 때문에 귀합니다. 욥은 자신이 겪는 고통에 대해 하나님께 따지듯이 항의합니다. 끈질기게 질문을 던집니다. 고난은 욥을 흔들어 놓았습니다. 하지만 쓰러트리지 못했습니다. 욥이 고난을 통해 하나님을 더 가까이 만났기 때문입니다.

고난은 하나님을 만날 수 있는 시간입니다. '더' 기도하고 '더' 묵상하고 '더' 의지할 수 있는 기회입니다. 고난 중에도 포기하지 않고 하나님께 나아갈 때 우리 또한 욥이 했던 고백을 동일하게 할 것입니다. "전에는 내가 주님에 대한 소문만 들었으나 이제는 내 눈과 내 귀로 직접 보고 들었습니다!"(욥기 42:5, 메시지성경)

Q. 힘든 일을 겪을 때 하나님께 기도한 적이 있나요? 어떤 응답을 들었나요?

기도 어려움이 몰려올 때 더욱 기도하게 해주세요.

브레넌 매닝(Brennan Manning, 1934–2013). 기독교 영성 작가로서 《사자와 어린양》, 《아바의 자녀》 등 여러 저서를 남겼다. 가톨릭과 개신교를 넘나들며 예수의 삶을 따르라고 촉구했다.

78. 힘을 가지고 싶을 때

너희 몸을 하나님이 기뻐하시는
거룩한 산 제물로 드리라.
이는 너희가 드릴 영적 예배니라.

로마서 12:1

나비가 되어 날아오르기를 간절히 원해야 돼.
하나의 애벌레로 사는 것을 기꺼이 포기할 만큼 간절하게.

트리나 폴러스, 《꽃들에게 희망을》에서

　성경에서 가장 힘이 센 인물을 꼽으라면 삼손을 들 수 있습니다. 삼손은 교회에 다니지 않는 사람들에게도 헐크와 같이 '힘센 장사'로 알려져 있지요. 성경 속에서 삼손은 자신에게 달려드는 사자를 가뿐하게 제압하고 대적들을 손쉽게 처치합니다. 이 특별한 능력의 비밀은 '거룩함'에 있었습니다. 다른 말로 표현하면, '하지 않는 것'(cut)에 있었습니다.

　삼손은 구별된 사람으로서 세 가지를 멀리해야 했습니다(포도로 만들어진 음식, 머리카락 자르는 것, 시체를 가까이 하는 것). 하지만 방심한 나머지 들릴라의 꾐에 넘어가서 머리카락을 잘리게 됩니다. 그 이후로 힘을 잃은 삼손은 대적들에게 끌려가 두 눈이 뽑히고 치욕을 당합니다.

　사람들은 힘 있는 사람이 되기 위해서 '뭔가를 잘해야 한다'고 말합니다. 공부를 잘하고, 스펙을 잘 쌓고, 돈을 잘 벌어야 한다고 말입니다. 하지만 하나님을 따르는 우리에게 진정한 힘은 '거룩함'에 있습니다. 즉, '하지 않는 것'(cut)에 있습니다. 하나님이 슬퍼하실 일을 '하지 않는 것'입니다. 그 일은 나만이 알고 있는 은밀한 행위일 수도 있고, 다른 사람들에게 휩쓸려서 하게 되는 행동일 수도 있습니다.

　세상에서 아무리 능력이 있어도 거룩함을 잃으면 모든 것을 잃게 됩니다. 삼손처럼 말입니다! 하나님을 기쁘시게 하는 삶을 살려면 결코 넘지 말아야 할 '선'을 그어야 합니다.

Q. 나의 삶에서 거룩함을 위해 버려야 할 행동은 무엇일까요?

_____

_____

_____

_____

기도 하나님의 자녀로서 '하지 말아야 할 것'을 떠오르게 하시고, 그 선을 넘지 않게 해주세요.

트리나 폴러스(Trina Paulus, 1931-). 문학가이자 환경운동가. 그녀가 쓴 《꽃들에게 희망을》은 여러 나라 언어로 번역되어 큰 인기를 얻었다.

79. 하루하루가 무기력할 때

아무것도 염려하지 말고 오직 모든 일에 기도와 간구로
여러분이 구할 것을 하나님께 감사함으로 아뢰십시오.
그리하면 모든 생각을 뛰어넘는 하나님의 평강이
그리스도 예수 안에서
여러분의 마음과 생각을 지켜 주실 것입니다.

빌립보서 4:6-7(우리말성경)

한순간을 살 수 있다면
하루를 살아가는 것도 어렵지 않다.
절망을 만드는 것은 상상력이다.

안드레 듀비스

'다 귀찮아' 하는 마음이 들 때가 있습니다. 보이지는 않지만 무거운 곰 한 마리가 내 등에 얹혀 있는 느낌입니다. 누군가에게는 작고 가벼운 곰이 얹혀 있고, 누군가에게는 크고 무거운 곰이 얹혀 있습니다. 상황에 따라서, 곰은 작아지기도 하고 커지기도 합니다. 이 곰의 이름은 '무기력'입니다. 나를 짓누르고, 의욕을 상실하게 하고, 아무것도 못 하게 만드는 녀석입니다.

곰팡이가 잘 서식하는 환경이 있는 것처럼 무기력이 덩치를 키우는 환경이 있습니다. '염려'입니다. 실패에 대한 염려, 거절에 대한 염려, 미래에 대한 염려 등에서 무기력은 생겨나고 덩치를 불려 갑니다. 무기력이라는 녀석을 우리에게서 떼어 내는 힘은 '기도'와 '감사'입니다. 기도가 무기력을 제압하는 힘이라면 감사는 무기력을 길들이는 기술입니다. 한순간을 기도와 감사로 채우면 하루를 살 수 있는 힘이 생깁니다.

염려라는 부정적인 생각에 사로잡히기보다 모든 일에 기도와 감사로 하나님을 의지할 때, 모든 문제보다 하나님이 더욱 크시다는 사실을 발견하게 될 것입니다.

Q. 어떨 때 무기력함을 느끼나요?
무기력을 극복할 수 있는 방법에는 무엇이 있을까요?

기도 염려에 사로잡히지 않고 기도와 감사로 순간순간을 채워 가게 해주세요.

안드레 듀비스(Andre Jules Dubus II, 1936-1999). 문학가. 단편소설의 거장으로 불리며 여러 편의 장르 문학을 남겼다.

80. 진정한 제자가 되고 싶을 때

예수께서 말씀하셨다.
"가장 중요한 계명은 이것이다. '이스라엘아, 들어라.
주 너의 하나님은 한 분이시니,
네 열정과 간구와 지성과 힘을 다해
주 너의 하나님을 사랑하라.'"

마가복음 12:29-30 (메시지성경)

그리스도의 진정한 제자는 가장 많이 아는 자가 아니라
가장 많이 사랑하는 자이다.

프리드리히 스판하임

상가건물을 빌려서 작은 개척교회를 막 시작하는 목사님과 대화를 나눈 적이 있습니다. 어떤 일이든 출발선에 서면 크고 작은 목표가 생기기 마련입니다. 새해가 되면 '다이어트에 성공했으면', 송구영신 예배를 드릴 때면 '가족이 건강했으면' 하는 소망이 생깁니다. 그 목사님께 물었습니다. "하나님이 한 가지 소원을 들어주신다면 무엇을 구하실 건가요?" '설교 잘하는 목회자', '유명한 목회자'라는 대답이 나올 줄 알았는데 아니었습니다. "어제보다 오늘, 오늘보다 내일 더 하나님을 가장 사랑하는 것입니다."

예수님은 가장 중요한 계명이 있다고 말씀하십니다. '최선을 다해 하나님을 사랑하는 것'입니다. 이것은 첫 단추와 같습니다. 첫 단추를 잘못 끼우면 어딘가 이상해집니다. '하나님을 사랑하지 않는 예배', '하나님을 사랑하지 않는 학교생활'은 어딘가 이상합니다. 첫 단추를 잘 끼워야 합니다. '하나님 사랑'이라는 단어가 우리 입에 착 달라붙어 있어야 합니다. 기도할 때마다 "하나님을 가장 사랑하게 해주세요", 기도 부탁을 할 때마다 "하나님을 가장 사랑할 수 있도록 기도해 주세요", 소망을 말할 때마다 "하나님을 가장 사랑하는 사람이 되고 싶어요"라고 말해야 합니다. 그리스도의 진정한 제자는 가장 많이 사랑하는 사람입니다.

Q. 예수님을 가장 사랑할 때 나에게 어떤 변화가 일어날까요?

기도 예수님을 가장 사랑하는 제자가 되게 해주세요.

프리드리히 스판하임(Friedrich Spanheim, 1600-1649). 레이덴 대학의 칼빈주의 신학 교수. 열정적으로 연구하고 가르친 것으로 알려져 있다.

C. S. 루이스가 쓴 《나니아 연대기》라는 작품을 아시나요? 영화로도 만들어진 판타지 소설이지요. 작가는 이 책을 통해 믿음에 관해서 이야기하고 싶었던 것 같아요. 여기에 등장하는 사자 '아슬란'은 예수님을 상징하고, 네 명의 남매는 우리와 같은 믿음의 사람들에 해당하니까요.

이 책을 마무리하면서 《나니아 연대기》에서 제가 아주 좋아하는 내용을 소개하려고 합니다. 네 명 중에 막내인 루시가 오랜 시간 동안 아슬란을 찾던 끝에 결국 만나서 나누는 대화입니다.

> 루시:　아슬란 님, 아슬란 님, 사랑하는 아슬란 님, 드디어… [만나게 되었네요.]
>
> 아슬란: 잘 왔다, 얘야.
>
> 루시:　아슬란 님은 더 커지셨네요!
>
> 아슬란: 그건 네가 나이를 더 먹었기 때문이란다.
>
> 루시:　아슬란 님이 커진 게 아니고요?
>
> 아슬란: 아니란다. 네가 나이를 먹을수록 내가 점점 더 크게 느껴질 것이다.

"네가 나이를 먹을수록 내가 점점 더 크게 느껴질 것이다."

이 표현, 참 좋지 않나요? 우리의 믿음이 성장할수록 예수님은 더 커지십니다. 하지만 안타깝게도 많은 청소년들은 나이를 한 살 더 먹을수록 예수님이 커지시기는커녕 작아지시는 것 같아요. 일반적으로, 학년이 높아질수록 교회를 나오는 비율이 낮아지는 것을 보면 알 수 있죠. (나이를 먹을수록 예수님 외에 신경 써야 하고 의지할 것이 많아서일까요?)

확실한 건 내 안에서 예수님이 작아지실수록 걱정거리는 더 커질 거라는 사실이에요. "기도 조금, 걱정 많이" 공식처럼요.

친구들! 저와 함께 이런 꿈을 꾸어 보면 어떨까요?

교회만이 아니라 학교에서도 점점 더 예수님을 생각하게 되는 것! 주일만이 아니라 일상에서도 점점 더 예수님을 예배하게 되는 것! 점점 더 기도하게 되고, 점점 더 걱정하지 않게 되는 것! 이것이 진짜 믿음 아닐까요?

이 책이 청소년 여러분의 마음과 삶에서 예수님이 더 커지시는 데 도움이 되면 좋겠습니다. "기도 많이, 걱정 조금"의 공식을 직접 경험할 수 있기를 소망합니다.

성경 구절 찾아보기

인물 찾아보기

청소년, 기도 많이 걱정 조금

십대들을 다독여 주는 80가지 명언과 말씀 묵상

초판 1쇄 발행 2022년 11월 25일
  6쇄 발행 2024년 8월 1일

지은이 정석원
펴낸이 이현주
책임편집 이지든 이현주
디자인 스튜디오 아홉
원고 검토 문기태 송채경

펴낸곳 사자와어린양
출판등록 2021년 5월 6일 제2024-000050호
주소 03445 서울시 은평구 은평터널로 159, 1층
전화 010-2313-9270 **이메일** sajayang2021@gmail.com

ⓒ 정석원, 2022

ISBN 979-11-976063-7-3 03230

＊사자와 어린 양이 뛰놀고 어린이가 함께 뒹구는 그 나라의 책들＊